沼山光洋遺稿集

靖國神社御親拝祈願

沼山光洋

展転社

沼山光洋遺稿集——靖國神社御親拝祈願◎目次

カバー写真提供　小澤直人

第一章　ロシアの罪と罰

初出：「日本の春」創刊号（平成三年十二月二十五日）

一九九一年八月十九日、ユーラシア大陸をゆるがす大事件が起きた。いや、全世界をまきこみ震撼させた。十九日午前六時八分、モスクワのソ連国営タス通信が、ゴルバチョフ大統領引退の報と共にヤナーエフ副大統領が全権引き継ぎの至急電を全世界に打った。同時にヤナーエフ副大統領をはじめとする「非常事態国家委員会」が設立され、パブロフ首相、クリュチコフ国家保安委員会議長（KGB）、ヤゾフ国防相、プーゴ内相、パクラノフ国防会議第一副議長、スタロドプシェフソ連農民同盟議長、チジャコフ国営企業、工業、建設、運輸、通信施設協会会長の八人が、ある面ではスターリン主義の復活、そして共産主義再編クーデターを試み、あっけなく終った。

何のためにクーデターを起こしたのか。クーデターさわぎの中で非常事態国家委員会からのメッセージに、「ソ連で飢饉が発生する可能性がある」と国民に対し警告している。コルホーズ（協同組合農場）、ソフホーズ（国営農場）共にスターリンが推し進めた農業集団制である。これを農民同盟議長のスタロドプツェフは再強化を強調し、ゴルバチョフ大統領の農業自由化政策を非難した。ソフホーズ、コルホーズこそ共産主義の象徴である。ゴルバチョフは農地改革を断行しようとしていた。これが成功していればペレストロイカの完成といえたであろう。ソフホーズ、コルホーズのためにスターリンが行ったジェノサイド（粛清）はあまりにも有名であり、共産主義の人間を冒瀆する個人の自主的活動を邪魔する代名詞となった。つまり、このクーデターは単なる共産主義の崩壊とはいえないと思う。あえて言うならば、歴史の必然だろう。現在のＣＩＳを見ればそれを証明する必要はないと思うが（なぜならば国の名は変わっても人は変わらず）今回は政治とは違うジャンルで眺めみたい。

今から百二十七年前の一八六五年、すでに現在のロシア、ＣＩＳを「ラスコーリニコフ」という一人の青年の青春と苦悩の日々、一種のツアーリズム（皇帝独裁体制）を自分にあてはめ、ナポレオン的思考で殺人を起こし、自滅の道をたどり、恋人の愛で「野の民」に還って行く「おごれる者」はドストエフスキーの『罪と罰』である。主人公ラスコーリニコフは「オヴローモフ主義（農奴制ロシアの余計者的知識人の一典型）的な一面も持ち、神を否定する若者、しかし見ず知らずの少女を無意識のうちに助けてしまう、また、自分が食う分にも困っているのに友人に金を貸し自分が困ってしまうという「おごれる人」と「野の民」の二面性を持っている青年、この青年が年老いた高利貸の老婆を斧で惨殺し、たまたま訪れてきた老婆の妹までも殺害してしまう。しかし、ラスコーリニコフには罪の意識はない。彼の中にあった「野の民の心」と、彼の恋人ソーニャの愛によって彼はロシアの大地に口づけをする。ソ連（現在のＣＩＳ）の指導者たちはツアーリズムの「おごれる人」の系譜である。

ソ連の失敗は一九九一年八月十九日に始まったわけではない。

ロシアの歴史は九世紀の中頃、ウクライナの首都キエフから始まる。十三世紀から十五世紀にかけてタタールの支配を受けたが、一四八〇年にモスクワ大公が国家の統一を取り戻した。一五五二年、イヴァン雷帝がカザン・ハン国を征服し、ロシアのシベリア進出が始まる。

ビザンティン帝国から得たギリシャ正教に立つロシアは、イスラム教徒であるタタール人を支配する。そして北方の様々な民族を臣従させていく。十七世紀半ばまでにロシア人はシベリアを踏破、ベーリング海峡にいたった。そして、ピョートル大帝は、スエーデンを破って、バルト海沿岸地方を支配下に収め、新都サンクトペテルブルクを開いた。これでオホーツクからバルト海まで続く大陸を征服したロシア帝国の誕生である。ピョートル大帝はヨーロッパ的な近代化を目指し、資本主義の導入、農奴解放など、残存する農奴制、専制政治と矛盾する中で、帝制は第一次世界大戦中の一九一七年に崩壊する。この時の臨時政府をレーニンらのロシア社会民主労働党ボルシェビキ（後の共産党）が倒し、世界初の社会主義共和国連邦が成立した。

余談だが、レーニンの革命へのエネルギーは一八八七年三月一日の議会主義に反対し、専制政治を強化する皇帝アレクサンドル三世をねらった暗殺未遂事件、その時の爆弾製造者アレクサンドル・ウリャーノフはレーニンの仲のよかった大好きな実兄にあった。その時、兄は二十一歳、レーニンは十七歳であった。この時に帝制を倒し、ロシアの、いや世界の歴史を動かした革命家レーニンが誕生した。

レーニンの死後、一九二四年にスターリンが登場した。党書記という役を軽く視ていたレーニンにはスターリンの本質を見ぬけなかった。スターリンはゴスプラン（国家計画委員会）ギガントマニア（生産物巨大志向）で一九四〇年代から一九五〇年代にかけ、ソ連に高度成長を遂げさせたのである。大東亜戦争を勝ち抜いたスターリンは、戦後ソ連を米国と並ぶ大国に押し上げた。スターリンこそツアーリズムの象徴「おごれる人」の最高峰である。

スターリンの死後はフルシチョフ書記長がスターリンを批判、平和共存外交、経済自由化を掲げたが一九六四年に失脚。ブレジネフはソ連経済を停帯させ、アンドロポフ、チェルネンコはそれぞれ一年あまりで死去、そして八五年三月にゴルバチョフが書記長に就任した。

ゴルバチョフ書記長は「ペレストロイカ」「グラスノスチ」という二本の柱を持ち、自分の最終目的を「新連邦条約調印」に置いた。これはレーニンの国名提案の現代版である。レーニンが「ネップ」などで経済的手腕その他のすぐれた指導者としての科学者的要素を持っていたのは事実で、ゴルバチョフがこの苦しい現状を打破するにはレーニンのネップに帰るしかなかったと言えよう。ゴルバチョフの机上の計算では、経済改革はなされたはずである。ただ、ゴルバチョフは一番大切なものを忘れている。いや、始めからなかったのかもしれない。それは「野の民のこころ」であり、「土とま心」である。

スターリンもゴルバチョフも工業生産を重視した。ギガントマニアである。彼らに共通して言えることは、彼らには農業も工業も同じ生産業としてのレベルでしか認識できなかったことだ。学者出身のゴルバチョフはまだしも、スターリンの両親は農奴であった。農産物や畜産というものは生き物である。作れと言われてすぐにできる物ではない。まして自分の土地でなく、そこを自分の職場としてあたえられただけの人間にできるほど農業は甘くない。

人間にとって一番大切な食料を生産するという重要な仕事を、単に職業としてあたる人間にできる訳がない。野の民の心をふみにじっている。農耕民族としての本来の姿を忘れている。誇りを失ってしまう。マルクスの出現からソ連の未来は決定していたのかもしれない。ドストエフスキーはそれらを科学ではなく、心からそれを判断したのだろう。

日本にも同じ予言をした人がいる。

橘孝三郎である。橘孝三郎の言葉「上とま心」は、まさにドストエフスキーが、ツルゲーネフが、現在のロシアを予見したように、橘孝三郎も同じものを見ていた。愛郷塾の門下生の方々は実際にウクライナ地方まで行き、自分の足で歩き、旧ソ連が現在の経済状態になるのを三十年あまり前に予想していたという。おどろくばかりである。なぜ見えたのか。予想ではない、決して予想ではなかったのである。はっきりとした科学的根拠があったのだ。否、それだけではない。科学的、政治的、経済的なもので計るべきでない。ましてや宗教でもない。「高邁《こうまい》なる精神」民族国家の持つ高邁なる精神を知り、創生の初心を知り、民族国家世界の歴史を、良識を以って判断したのである。情報のとぼしかった当時、昭和三十年代にである。現在、情報は世界をかけめぐる。必要な情報は瞬時に手に入れることができる。我々はドストエフスキーの言う「おごれる人」になっているのではないだろうか。虫けら同然に高利貸の老婆の頭を斧で割った彼と同じ特権意識を持ってはいないだろうか。

現在、日本は熱病にかかって苦しんでいる時期にある。ラスコーリニコフはソーニャの愛

橘孝三郎

によって人間となっていく。日本は外圧によってしか変われないのか。否、我々の力で高邁なる精神を取りもどすことができるはずである。

しかし、それは決してテロリズムではない。決死行動が実を結ぶ時代ではないのである。

レーニンはトロッキーに言った。

「銃殺なしで、どうして革命を完成することができるか」。

リベラリズムの蔓延している現代社会で通用するものではない。矛盾だらけの近代史、しかし古の時代から変わらぬものもある。それが「高邁なる精神」なのである。そして、それを支えるのが「一片のパン」である。プロレタリアートが求めるのは、「一片のパン」、「高邁なる精神」、それを象徴するのが日本では「米」である。

「米は日本の文化であり生命線である」と言われるほどである。これらのことから、ゴルバチョフが、スターリンが、そして今またエリツィンが、同じ道を歩んで来たことがわかる。ウクライナを失ったエリツィンがどのようにして「一片のパン」を手に入れるのか。

「野の民の心」そして「土とま心」、ドストエフスキーと橘孝三郎、国もちがい時代もちがうが、人間にとって、国家にとって、一番大切なものを知っていた人物である。

日本は現在のＣＩＳを他人事として見ていられないはずである。「高邁なる精神」を失った時、国家は破滅する。

現在、我々の日本は一見平和で、経済大国と呼べる。しかし「心」は……。

平成の「五・一五」は近い将来かもしれない。

第二章　五・一五事件八十周年に向けて

初出：「靖國の友」平成二十三年夏号〜平成二十四年忠霊祭案内号

（一）

来年（平成二十四年）五月十五日は五・一五事件の八十周年です。弊會（靖國會）は五・一五事件の関係者と非常に密接な関係にあります。あまり知られていないのですが、第七代総代清瀬信次郎先生のご尊父清瀬一郎弁護士（東條英機主任弁護人、のちの衆議院議長）は、五・一五事件の弁護団の一員でした。現在、海軍青年将校の中心的人物である古賀不二人の精神と血脈は、不二流体術、大地社へと引き継がれています。

その大地社が毎年五月十五日に靖國神社に於いて「武魂伝承祭」と銘打って演武を奉納しております。また、その朝に青山霊園内の犬養毅首相の墓前に必ず参拝しております。五・一五事件の本質、事件の是非は論じませんが、その時、その場で、青年たちは日本人として自らの正義を遂行したのは間違いありません。玄洋社、佐郷屋嘉昭、血盟団、五・一五と誰一人自己の利益を求めた者はいない。選ばれた立場の青年将校が自らの命と引き換えに求めたもの、政治の犠牲者であるだけの農民が命をかけて求めたものを、今の日本人は手に入れることができたのでしょうか？　行動を起こした方々は、後に続くを信じて、わが身を投じたはずです。当時と比べればたしかに現在は物質的には恵まれて、乞食でさえ餓死などはしません。

遠く離れた無人島を死守せよと唱えながら、都心の一等地を敵国支那中共に売却することを見て見ぬ振りする政治屋たちでも「保守」を名乗り、善良な日本人にありもしない期待と希望を持たせ、選挙に利用する。八十年の時を経て何が良くなり何が悪くなったのでしょうか。昨年は山口二矢《おとや》義挙から五十年、来年は五・一五から八十年、あまりにも期間が空き過ぎています。政治に命をかける政治家がいなくなったのも時代でしょうか？　犬養毅も濱口雄幸も政治に命をかけていたはずです。

（二）

昭和七年五月十五日は日曜日でした。天気は快晴。東京・銀座の水交社に三上卓、古賀清志（不二人）、中村義雄、黒岩勇、山岸宏、村山格之ら海軍青年将校が結集しました。そして、午後三時頃、第一組の三上卓、黒岩勇、山岸宏、村山格之は水交社を出て、靖國神社に向かいました。靖國神社で陸軍士官候補生五人と合流し、二台のタクシーで首相官邸へ向かいます。午後五時過ぎでした。五月半ばの五時過ぎですから、まだ十分明るかったと思います。

九人は表裏の二組に分かれ、官邸に突入しました。警備の警察官に拳銃を突きつけて犬養首相の下へ案内させようと官邸内を彷徨っているうちに警察官と銃撃がはじまり、警察官に犠牲者が出ました。

先に犬養毅を発見したのは三上卓でした。食堂で犬養毅を見た瞬間、三上卓は拳銃の引き金を躊躇なく引きました。しかし、先の銃撃で弾が尽きていて不発でした（この件に関しては単発銃であったなど諸説あります）。犬養毅は、殺気立った青年将校たちを前に落ち着いて「向こうへ行って話そう」と廊下へ出て洋室へ向かいました。洋室へ入ると三上卓に向かい「ゆっくり話そう、話せばわかることだ」と嗜めているところへ、山岸宏が遅れて駆けつけ、犬養首相を確認したその瞬間「問答無用、撃て、撃て」と叫びました。その声で黒岩勇が腹部に一発、三上卓がこめかみに一発。そして裏門から出て行きました。

一方、第二組の古賀清志は港区高輪・泉岳寺に陸軍士官候補生四名と牧野伸顕《のぶあき》（通称しんけん）内大臣邸襲撃のために結集し、タクシーで牧野邸へ赴き、手榴弾を投げ込み一発が炸裂。牧野邸から警視庁襲撃へ向かう途中、車から檄文を撒きました。警視庁では、手榴弾を投げ、銃撃で警察官、新聞記者に負傷者を出し、憲兵隊へ自首しに向かいました。

中村義雄率いる陸軍士官候補生三名の第三組は、新橋駅に集合し、タクシーで政友会本部へ行き、手榴弾を数発投げました。ほとんどが不発だったようです。それぞれ目的を達成し、憲兵隊へ自首しております。

農民決死隊・愛郷塾塾生たちは、六ヶ所の変電所を午後七時に襲撃し、帝都を暗闇にする計画でした。

五・一五事件で忘れてはならないもうひとつの大事件は、西田税《みつぎ》殺害未遂です。実行した川崎長光は六発の銃弾を西田税に撃ちこみ、五発が命中しました。川崎長光はその場を立ち去り、西田税は順天堂大学に搬送されました。この病院で二・二六事件の首謀者・北一輝をはじめ、陸軍青年将校の香田清貞、安藤輝三、栗原安秀らが一堂に会しました。ここから後の二・二六事件へと繋がったのかもしれません。西田が撃たれ、その病院で北一輝を中心に善後策が検討され、四年後に決起したのは、時代の必然だったと思います。

五・一五事件から二十八年後、水戸愛郷塾・塙五百枝（三郎）を中心に靖國會を設立し、事件関係者の多くが靖國神社国家護持・国家祭祀に邁進してくださいました。三上卓、古賀清志と塙五百枝らは兄弟以上の絆だったと聞いております。昭和三十年、古賀清志は不二流体術大地塾を起こし、現在古賀精神を継承する大地社を率いているのは水谷浩樹（弊會理事）です。

来年八十周年を迎える五・一五事件は、遠い昔の歴史の話ではありません。事件の背景には驚くほどの現在に通じる状況があります。次は時代背景について書いてみたいと思います。あまりにも大雑把に記述したことをお詫びいたします。

（三）

本年（平成二十四年）五月十五日は昭和七年の五・一五事件より八十周年です。陸海青年将校、農民同志たちが命を捨てて行動したあの時代とは如何なるものだったのでしょうか？

三上卓の檄文の政治、外交、経済、教育、思想、軍事、どこに皇国日本の姿ありや。どれひとつとっても現在の方が悪化していますが、橘孝三郎が初めて塙五百枝（三郎）と会った時に、進学し知識を身につけて百姓をやりたいという塙を「今の学校は土台が腐っている。学校がこれっぽっちでも農民のことを考えているなら、わしも塾なぞつくろうとはしない」と、教育現場の荒廃を憂いていました。第一次大戦、世界恐慌後に橘孝三郎は、西洋唯物文明の没落を指摘し、民族主義への回帰を唱えています。

昭和のはじめ、世界の中心は米国ではありませんでした。世界の中心は英国であり、世界経済はポンドを主軸に動いていました。それが現在は米国であり、ドルに変わっただけです。そして、ギリシャ、ローマ、大英帝国の滅亡は、一国存立の根幹たる農村の破壊にあると喝破し、富国強兵は兵農一致と愛国同胞主義の制度ではない、日本人ひとりひとりの至誠、「ま心」こそが日本救済の道としていたと思います。そして、物事を科学的に分析する橘孝三郎の言葉で「人は人を離れて存在しない」があります。環境が人を育てるということですが、まさに教育勅語であり二宮尊徳報徳訓であると思います。

当時の国内政治体制は、政友会、民政党の政党政治であり、ロンドン軍縮会議の影響で軍部の動向が非常に注視されていました。現在、この軍部に当たるのは経済界だと思います。そして、ロンドン軍縮会議はストレートでわかりやすいですが、現在のロンドン軍縮会議が環太平洋戦略的経済連携協定（TPP）といえると思います。西洋白人至上主義は常に進化をし続け、あの手この手の戦術で攻めてきます。変わらないのは、日本側が常に受身であることです。受身であることが良いか悪いかはわかりませんが、戦略、戦術を持たずに、武器なき戦争である「外交」の場に出て行くのはブレーキのない車を運転するようなものです。

国家戦略として兵農一致を実践しなければならないと思います。世界人口七十億を超えた今、否、以前から食糧戦争は始まっています。米国の営利目的食糧メジャーに「ま心」はありません。もちろん、兵農一致の日本の繁栄を助けるつもりなど微塵もないはずです。小生は徒らにTPPに反対するわけではありません。資本主義、民主主義、もちろん共産社会主義が崩壊した現在、世界を導くことができるのは、万世一系の天皇を戴くわが日本だけだと信じています。近代覇権国家は植民地経営で成り立ってきました。米国の主導するTPPとやらは、米国大統領選挙を控え、過去の負債に喘ぐ断末魔の悪あがきです。しかし、現実社会で日本は鎖国するわけにも行かず、徹底的な暴力を背景にしたこの不平等条約に参加していくでしょう。

ABCD包囲網のような露骨な手段ではなく、巧妙な時間をかけた方法で搾取していくのでしょう。個人主義で、せいぜい孫の世代くらいまでしか心配しない白人至上主義に、遠い未来の子孫の繁栄を願う日本人の「ま心」を教えてやり、米国を救うことが直近の国益であり、八紘一宇の精神であると思います。

五・一五からずれてしまいましたが、次は奉納演武の詳細をお知らせします。

（四）

五月十五日、靖國神社武魂継承祭において撮影した写真。向かって右から本間隆雄先生（ご尊父は本間憲一郎先生）、犬養俊輔氏（犬養氏は犬養木堂の曾孫）、古賀正二郎（大地社名誉顧問）。中心におられる犬養俊輔氏は、五・一五事件で時代の礎となられた犬養木堂（毅）の曾孫で、五・一五事件海軍青年将校の指導的立場にいた古賀清志（不二人）先生の息子である古賀正二郎大地社名誉顧問とは幼馴染であり、さらに本間隆雄先生のご尊父は紫山塾塾頭と、歴史の血縁者が靖國神社で五・一五事件から八十周年の武魂継承祭に参列することは只々感

慨深いものでした。

この三人の方々に臨席賜り、靖國神社で武魂継承祭を斎行するには、並々ならぬご苦労があったと思います。そして、偉大なる血縁を感じさせていただきました。本当に貴重な経験をさせていただいた大地社の皆さまには感謝の言葉もありません。

第三章　靖國の日の誓い

初出：「靖國の友」平成二十九年忠霊祭案内号

先の戦《いくさ》を思うとき、靖國神社に鎮まる全ての忠霊に思いを馳せます。そして、先の戦で共に戦い歴史の礎となられた台湾、朝鮮半島出身の日本人を含め全てのみたまに哀悼と感謝の真を捧げます。

現在、我が日本は、世界の中で特に恵まれた生活環境にあります。衣食住に満たされ、より以上の生活を望む、いわゆる贅沢を享受することが自然となっております。そういった面では靖國神社の忠霊は子孫の繁栄を喜ばれているかも知れません。しかし、高邁なる精神で我が身を捧げ散華された忠霊が望んだものはそれだけでしょうか?

私たちは、今一度、先の戦の歴史的意義を考え、その精神を正しく引き継がなくてはなりません。

人類の歴史は常に平和と安定を求めながら戦を重ねてきた矛盾の上に成り立ってきたのではないでしょうか。矛盾に矛盾を重ね、有史以来、世界平和を唱えながら自国の国益のためだけに植民地を広げていった白人至上主義に敢然と立ち向かったのは我が日本だけだったのです。

日露戦争当時、アジアで独立を保っていたのは我が日本とシャム（現在のタイ国）だけでありました。明治維新から近代国家として覇権主義が正義であった世界へ心ならずも参入した我が日本は、多くの面で数十年は進んでいるといわれた欧米列強白人至上主義の植民地支配の危機にさらされていました。そして、覇権主義植民地拡大の魔の手が我が日本に届くのも時間の問題でした。だから日本人は立ち上がり、我が日本の領土、国民、日本人の誇りを守った。今、改めてその勇気、行動に感謝したい。結果、日露戦争では勝利を手に入れたが、それにより、より果敢な白人至上主義の迫害を受け、先の戦、大東亜戦争へと巻き込まれてしまいました。

残念ながら我が日本は戦には物量的に負けはしましたが、世界の趨勢は白人同士の米ソの冷戦構造を生み、白人至上主義は植民地を失い多くの独立国が誕生いたしました。人種差別の撤廃も進んだのです。日本が敗れたにも拘わらず白人至上主義に反旗を翻し、独立を勝ち取った各国の皆さんの勇気に感謝と敬意を表します。そして全ての日本人が世界に伝え未来永劫忘れてはなりません。先の戦において、我が日本の指導者が国策を誤り、国民を多数死傷させ、不幸にしたなどと言う方もおられます。勝ち目のない戦に国民を引きずり込んだと言う方もいます。しかし、我が日本は敵を服従させるための戦はしていません。負けないため、生き残るための自衛の戦をしたのです。極東軍事裁判、東京裁判といわれるもので裁かれた、所謂「戦犯」などというものは日本には存在しません。あの時代、そのときの我が日本の指導者、日本人は正しかったのです。これは白人の指導者にも言えることですが、現代と違い覇権主義が正道だった時代を今の価値観、情報で裁くことは誰にもできないはずです。それが矛盾を重ねた人類の歴史の必然だからです。人類は今でも同じ矛盾を繰り返し続けています。ただ我が日本に目に見える火の粉が小さくしか降りかかってきていないだけです。

いずれ必ず大きな炎が降りかかります。空間的に狭くなった世界で、一国平和主義は無責任であり、許されません。では、我が日本のとるべき道、進む道、国家間における、国益、貢献とは何か、何をするべきか、まず、第一に、国際社会の一員となるために主権を行使し自主憲法を制定し「普通の国家」になることが先決です。そして森羅万象に感謝し他を否定しない我が日本の素晴らしい精神、世界に誇る神道の「心」を、農業、稲作技術を、全世界に輸出し普及させる。世界中の他を否定する宗教が変わり、食料事情が少しでもよくなれば無駄な争いは減るはずです。武力を使わず世界中の紛争を減らし導くことができるのは我が日本、真の日本人の「ま心」だけです。

大御心の下、我が日本が誇りと自信を持って世界を先導し日本人の自信と誇りを取り戻す。それが靖國神社に鎮まる忠霊に対して、今を生きる私たちの義務であり、次の世代に対しての責任と信じて、靖國忠霊祭のさらなる発展、靖國會五大綱領実現のために邁進する所存です。

草地貞吾

「大東亜おほみいくさは万世の歴史を照らすかがみなりけり」

皇紀二千六百七十七年　平成二十九年八月十五日　靖國會

第四章　おことばを拝して

初出：「靖國の友」平成二十八年忠霊祭報告号

畏れ多くも、平成二十八年八月八日、小生はあの放送を見て、その後おことばを読んで、天皇陛下が現憲法下での存在では靖國神社へ参ることができない、もう時間がないというおことばを述べられたと感じた。

「言葉とは命」と政治家などは昔から言うが、それ以上に大切なのは「行い」であり「実践」である。即位以来、陛下が最も大切にしてきた行いは「慰霊」であり、国内で災害あれば、すぐに現地へ赴きひざをついて被災者を慰める言葉にできない尊い「行い」である。

今上陛下は昭和八年生まれ、少年期は大東亜戦争とともにあり、一般国民以上の清貧な戦後も体験されている。そして、先帝陛下の慰霊顕彰の御姿を最もご存じである。皇太子時代には何度も靖國神社へ参られている。その慰霊への御気持ちの強い天皇陛下がいまだに靖國神社に参られないのには、昭和天皇の御親拝を中断させた、昭和五十年十一月二十日の内閣委員会での靖國神社参拝が憲法問題とされたことが元凶である。

世間では、いわゆる「A級戦犯」が祀られていることが原因であったかのように言われるが、それは富田朝彦長官および宮内庁の方便であって、事実とは異なる。

昭和五十年八月十五日に時の総理三木武夫が靖國神社を参拝し「私人、公人」という、いまだに引きずられる素っ頓狂な答弁をしたことで、社会党と朝日新聞などに新たな攻め口を与えてしまった。その年の秋の十一月二十日、第七十六回参議院内閣委員会で当時宮内庁次長であった富田朝彦は社会党野田哲等に吊るし上げられた。十一月二十日とは、昭和天皇最後の御親拝となった前日であり、新嘗祭の三日前である。ここで言いがかりをつけられ、御親拝が憲法問題化されてしまった。昭和天皇は二度御聖断を下し、そのことを非常に苦悩されたと聞く。その昭和天皇が御親拝を憲法問題として混乱を招くことを望まないのは明らかである。そのことが、ただの役所と成り下がった宮内庁、外務省などの事なかれ主義と社会党、報道機関の支那中共、韓国への阿りへと繋がって、それを「常識」にさせてしまった。その背景には、池田勇人政権での所得倍増計画を成し遂げ、引き続き高度成長を続ける日本経済があった。支那中共は毛沢東文化大革命で自国民を数千万人虐殺し、核武装を着々と進めているその時であった。支那中共の自国民大虐殺を礼賛した社会党と朝日新聞などは、日本人であることを恥じ、支那人に対する贖罪意識を日本人に埋め込み始めた。これが支那中共の精神侵略、今風に言えばマインドコントロールである。そのひとつが本多勝一の「中国の旅」であり、その後数知れず出てくる自虐史観本である。

本多勝一によって、支那での立場をそれまでの毎日新聞より向上させることに成功した朝日新聞は、次は韓国に取り入るために吉田清治「私の戦争犯罪」で、いわゆる「従軍慰安婦」という造語で世界に良識ある新聞社として確固たる地位を築いた。

ちょっと逸れてしまった。畏れ多いが天皇陛下の御気持ちを推察すれば、自分に残された時間で何とか靖國神社親拝を実現させたい、天皇の名の下に散華した者たちを慰めたい、そのために必要であれば、憲法の及ばない立場になりたい、と仰っているように感じた。現憲法下での現在の「象徴」という得体の知れない御立場が天皇を苦しめている。
八月八日の天皇陛下のおことばを引用する。

「天皇という立場上、現行の皇室制度に具体的に触れることは控えながら、私が個人として、これまでに考えて来たことを話したいと思います。即位以来、私は国事行為を行うと共に、日本国憲法下で象徴と位置づけられた天皇の望ましい在り方を、日々模索しつつ過ごして来ました。伝統の継承者として、これを守り続ける責任に深く思いを致し、更に日々新たになる日本と世界の中にあって、日本の皇室が、いかに伝統を現代に生かし、いきいきとして社会に内在し、人々の期待に応えていくかを考えつつ、今日に至っています」。

次に昭和五十年十一月二十日第七十六回参議院内閣委員会での冒頭部分を引用する。

○野田哲君　わかりました。
それでは宮内庁に伺いたいと思うんです。天皇と内閣の機能との関係についてまず伺いたいと思うんです。
天皇の行為については、憲法第七条に定める国事行為、それと、憲法第一条に定めてある日本の象徴としての地位に基づく国事行為に準じた形での公的行為、それから、天皇の個人としての私的行為、この三つに区分されるというふうに理解をしていいのかどうか、この点をまず伺いたいと思います。

○政府委員（富田朝彦君）　ただいまお尋ねの憲法一条あるいは七条等の行為についての先生の御質問、これはきわめて法律的なことでございますので、本来ならば内閣法制局等からお答えを申し上げるのがしかるべきと存じまするが、私どもも、いまお話がありましたような三つの行為に天皇の御行動というのは分類される、かように承知をいたしております。

○野田哲君　憲法の第七条に定める国事行為については、これは憲法で明らかなように「内閣の助言と承認を必要とし、内閣が、その責任を負ふ。」、こうなっているわけでありますが、象徴としての地位に基づいて行われる国事行為、これに準ずる行為としていま言われたいわゆる公的行為、この公的行為の場合にも当然内閣としての助言といいますか、あるいは補佐、こういう行為が付随をしているものだと、こういうふうに理解をし、当然そのことについては政府として責任を持っていると、こういうふうに理解をしていいのかどうか、これは法制局の方の見解を伺いたいと思います。

――では、いまのことについて宮内庁。

○政府委員（富田朝彦君）　これも実際の処理に当たっておりまする宮内庁としての実務的な考えを申し上げたいと思いますので、御了承いただきたいと思います。

ただいまお尋ねのいわゆる公的行為、これにつきましては、宮内庁が総理府のいわば外局として存在をいたしております、法制的に。そういうような関係から第一義的には、宮内庁法にも定めておりますように宮内庁がそういう行為に対しての補佐と申しますか、責任を負うべきものでございます。

しかしながら、いま申し上げたような法的な機構の関係がございますので、さらには総理府、さらには最終的には内閣というふうにも考えておる次第でございます。

天皇陛下は、この時の野田哲の言葉に答えるように一言一言発せられているように感じるのは小生だけだろうか。野田哲の言いがかりはこの後も延々と続くが、エリート官僚宮内庁富田朝彦は、この件がトラウマとなったことは想像に難くない。

昭和天皇は、この翌日の御親拝を最後に、今上陛下は即位以来、靖國神社御親拝を実現することができない。

平成三十一年には、靖國神社御創立百五十年の節目を迎える。昨年、いわゆる戦後七十年の節目に、御親拝を実現できなかった天皇陛下の御気持ちと私たち日本人、国民の気持ちはひとつである。平成三十一年、靖國神社御創立百五十年の節目に、御親拝実現のために臣民として努力邁進しなければならない。

第五章　靖國神社御親拝祈願全国護國神社巡拝報告

初出：天皇陛下御親拝祈願全国巡拝趣意書（平成二十九年）
「靖國の友」平成二十九年忠霊祭案内号〜平成三十年忠霊祭報告号
靖國會ブログ

天皇陛下御親拝祈願全国巡拝趣意書

本年（平成二十九年）一月十日、政府が畏れ多くも陛下の御意向を受け、平成を三十年の節目で区切るという案が浮上した。それに便乗して皇室典範の変更、女性宮家、女系天皇までも目論む輩が蠢いている。

多くの問題を孕んだ「節目」であるが、最大の問題は、国難に殉じ尊い命を捧げた忠霊との約束が一切俎上に上らないことである。

政治の世界、一部報道機関では、昭和天皇の御親拝が昭和五十年で途絶えたのは昭和五十三年の昭和殉難者の合祀が原因であると「富田メモ」なるものを真実としている。昭和五十年八月十五日、三木武夫首相が靖國神社参拝に際し「私人」という詭弁を用いたことで、「公人」の参拝が憲法問題にできることを時の首相が知らしめた。そしてその年の十一月二十日、御親拝前日、第七十六回参議院内閣委員会において社会党野田哲、秦豊、矢田部理に長時間にわたり御親拝が憲法問題であると吊るし上げられたのが、当時宮内庁次長だった富田朝彦である。このことが宮内庁をはじめ関係省庁のトラウマとなり、四十二年間の空白を生んでしまった。決して、巷間いわれる昭和殉難者の合祀が原因ではない。その証拠に昨年八月八日の今上陛下のおことば冒頭で、現憲法下での象徴としての立場に言及あそばされている。春秋例大祭に勅使が差遣され、皇族方の参拝も途切れたことがない。

我々国民は即位以来、慰霊巡拝に最も御心を使われた御姿を拝見している。その御姿は言葉にできない感動で、忠霊をはじめ戦友、ご遺族、国民を慰められた。

天皇とは何か、天皇とは「祈り」である。人類史上例を見ない征服王ではない「祈り」をもって大和民族を導いた尊い御存在なのである。祈りあればこそ、我が民族は「一旦緩急あれば」と激動の時代を乗り切った。そして、歴史は繰り返す。戦争は避けることができればそれに越したことはないが、望まぬものは必ずやってくる。民族の誇りのために散華された忠霊に御親拝賜ることは、備えでもある。

弊會では靖國神社春季例大祭後、事務局長（沼山光洋）が全国護國神社五十三社（靖國神社含）を巡拝いたします。一社一社地元の有志の方々と参拝し、ネット（ホームページ・ブログ・フェイスブック・ツイッター・インスタグラム）を通じて署名を集め、ひとりでも多くの国民を啓蒙し、一日も早い御親拝実現を安倍晋三首相に求めます。本来ならば、靖國神社御創立百五十年の節目となる平成三十一年が相応しいかと思いますが、平成が三十年までと時間が限られてしまうかもしれません。

明治大帝の思し召しで御創立された靖國神社への御親拝が憲法に抵触するのであれば、それは浅はかな知恵で作られた憲法の間違いであり、それを利用する政治勢力の詭弁であり、民族の意思ではありません。今上陛下の御心は我々国民とひとつであると信じております。

大変厚かましいお願いではありますが、弊會には経済的余裕がなく、皆さまからご協賛いただき、皆さまひとりひとりのま心と共に全国護國神社を巡拝させていただき、祈りをもって国難に殉じた忠霊のみたまに報いたいと存じます。皆さまのご協賛衷心よりお願い申し上げます。

天皇陛下靖國神社御親拝祈願全国護國神社巡拝報告

皆さまの「ま心」をお預かりし、全国護國神社五十二社を四月二十二日靖國神社春季例大祭から、翌二十三日沖縄縣護國神社へ参り、五月二十日靖國神社奉告参拝まで四週間で全国護國神社五十二社を巡拝。京都霊山、兵庫鳥取護國神社以外の四十九社を正式参拝で祈願申し上げて参りました。

各護國神社での模様はブログ等でお伝えしていますが、ネットをご覧になられない方もいらっしゃいますので、この紙面でも順次お伝えして参ります。

目的は飽くまで

「天皇陛下靖國神社御親拝」

です。昭和五十年十一月二十一日を最後に途絶えている御親拝を、平成の御代で途絶えさせては決してなりません。

御親拝がないということは、巷間言われる昭和五十三年秋の「昭和殉難者」合祀を先帝陛下が「不快」に思われた、そして御親拝がなくなったという誤りが真実として定着してしまいます。

　昭和殉難者の合祀が原因とするならば、それは「東京裁判」史観を肯定することになり、数十年先には、「南京」「百人斬り」「慰安婦」等々捏造された歴史と共に民族の誇りを一層蹂躙することになります。今を生きている私たちではなく、五十年後、百年後になれば、歴史教科書には「昭和天皇は戦犯の祀られた靖國神社には行かなくなりました」「以降の天皇陛下も踏襲されました」、つまり昭和天皇が「東京裁判」を認めました、と教えるようになり、民族の誇りをことごとく立ち上がれないよう打ち壊すのです。

　先帝陛下が「殉難者合祀」を「不快」に思い、それ以来靖國神社御親拝を取り止めたというデマの原因は何度も書いていますが、最後となっている御親拝の前日、昭和五十年十月二日第七十六回参議院内閣委員会にあります。富田メモを真実とする学者は、たった数人の殉難者のために先帝陛下が二百四十六万六千余柱のみたまを無視したと言いますが、ありえない話です。真実は御親拝を「憲法違反」と唱える一部勢力の「言葉の暴力」に宮内庁をはじめ関係各所が屈してしまったことにあります。

　天皇陛下がいかに御望みになられても「憲法に抵触する恐れがあります」と言われてしまえば、独裁者でない陛下は従うしかないのです。その結果が即位以来世界を巡る慰霊巡拝であり、昨年八月のおことば冒頭の「現憲法下での象徴としての立場」という異例のおことばです。

天皇陛下が御望みであり、二百四十六万六千余柱みたまが待ち望まれている天皇陛下靖國神社御親拝は政治指導者の参拝とは訳が違います。時間は後一年しかありません。日本人ひとりひとりが声を上げなければ、事なかれ主義で四十二年間放置していた政治を動かすことはできないのです。

日本は今、有史以来最大の民族存続の危機に面しています。「天皇陛下万歳」を唱え散華された先人に報いることは今を生かされている日本人の責任と義務なのです。

四月二十三日　沖縄縣護國神社

御祭神　十七万七千九百十二柱
御創立　昭和十一年
春季例大祭　四月二十三日
秋季例大祭　十月二十三日
みたま祭り　八月十五日

初めて沖縄県に参りました。「天皇陛下靖國神社御親拝祈願全国護國神社巡拝」の最初に沖縄県を選んだのは、先帝陛下が最後まで望まれて行幸なせなかった沖縄県、地上戦で米軍による甚大な被害を被った沖縄県、特攻隊員のほとんどが散華された沖縄県だからです。沖縄縣護國神社の御祭神は十七万七千九百十二柱と、護國神社の中でも飛び抜けた数です。御創立は昭和十一年と歴史は浅いのですが、特別な神社としてご奉仕されている加治順人宮司さまを筆頭に皆さま素晴らしい方々でした。四月二十三日は沖縄縣護國神社の大祭日でお忙しい中本当に素晴らしい正式参拝をさせていただき、天皇陛下靖國神社御親拝を祈願いたしました。

例大祭当日、準備に大変忙しい中、宮司自らご挨拶いただき大変恐縮いたしました。正式参拝には大日本一誠会仲程会長の尽力により地元の方々が駆けつけてくださり、ま心込めて御親拝を祈願し沖縄で散華された忠霊に感謝申し上げて参りました。丁寧に対応くださった加治宮司さまに再会を約し下がりました。

四月二十四日　千葉縣護國神社

昭和四十八年十月十三日　御親拝・行幸啓
御祭神　五万七千余柱
御創立　明治十一年一月二十七日
春季例大祭四月九・十・十一日

秋季例大祭十月九・十・十一日

千葉縣護國神社へ天皇陛下靖國神社御親拝祈願に参りました。

今までも何度もお参りしている千葉縣護國神社ですが、正式参拝は十年ぶりくらいです。千葉県の佐藤さんが平日の朝という忙しい中、駆けつけてくださいました。本殿では、神職の祝詞が本殿内に響き渡り、心に染み入る祈願参拝となりました。

四月二十四日　埼玉縣護國神社

昭和四十二年十月二十三日　昭和天皇御親拝・行幸
平成五年五月十四日　今上陛下御親拝・行幸
御祭神　五万千百八十柱
御創立　昭和九年
例大祭　四月九日
みたままつり　八月十五日

千葉縣護國神社の次に埼玉縣護國神社へ参りました。
埼玉縣護國神社は先帝陛下と今上陛下の御親拝を賜った唯一の護國神社だと思います。

ご案内くださった禰宜《ねぎ》の山田信之さまは、穏やかで丁寧に色々教えてくださる素晴らしい神職さんでした。あまりにも親切に色々お話くださるので、二時間くらい話し込んでしまいました。貴重な「埼玉県の忠魂碑」という埼玉県神道青年会発行の立派な書籍もいただきました。見た目は小さなお宮ですが、お近くの方や神社のことを勉強したい方にはお勧めです。すぐ近くに武蔵の国の一宮氷川神社がございますので、一緒に参拝すると良いと思います。とにかく関東の方は一度お参りください。弊會の埼玉県本部も定期的に何かできることを考えようと思います。

山田信之さまのおかげで、心より天皇陛下靖國神社御親拝祈願をさせていただきました。

四月二十五日　茨城縣護國神社

御祭神　六万三千四百九十六柱
御創立　昭和十六年
春季例大祭　四月十日
秋季例大祭　十一月十日
みたま祭　八月十五日

水戸偕楽園の隣桜山に鎮座し、四季それぞれの自然を楽しめるお宮です。境内には数多くの慰霊碑が立ち並び、その勇猛果敢さを偲ばせます。茨城県民は桜田門外の変をはじめ歴史の節目で必ず出てくる県民性を持っています。

地元の大和民族同盟長峰貞夫議長の呼びかけで、地元の皆さまと正式参拝でま心込めて天皇陛下靖國神社御親拝祈願をいたしました。

四月二十五日　栃木縣護國神社

平成八年七月二十五日　御親拝・行幸啓
御祭神　五万五千三百六十一柱
御創立　明治五年十一月（宇都宮招魂社）
例大祭　四月二十八日
みたままつり　八月十三日〜十五日

栃木縣護國神社は、今上陛下の御親拝を賜った二社のうちの一社です。

正式参拝には地元の郷守曾小曽戸清裕会長が駆け付けてくださいました。小曽戸会長は神社の方々と非常に親しく、お陰さまで大変和やかに御親拝祈願のお取次ぎをいただき、ま心込めて御祈願申し上げて参りました。

四月二十六日　福島縣護國神社

御祭神　天照皇大御神・六万八千五百余柱
御創立　明治十二年十月四日
春季例大祭　四月二十三日
秋季例大祭　九月二十三日
みたままつり　八月十三日〜十八日
終戦祈念英霊感謝祭　十五日

福島縣護國神社は信夫山《しのぶやま》の中腹にあり、ふもとから神社、境内と非常に綺麗に整備されていました。宮司の冨田さまは非常に温厚な笑顔の素敵な方でした。震災で辛い思いをした方々も、きっとあの笑顔に随分救われたのではないかと思います。

是非皆さまも冨田宮司さまの笑顔を見に福島縣護國神社へお参りください。

観光スポットもたくさんあります。目の前もきれいな公園です。

四月二十六日　山形縣護國神社

御祭神　四万八百四十五柱
御創立　明治二年（山形招魂社）

春季例大祭　五月十一日
秋季例大祭　十一月二日
英霊感謝祭　八月十五日

拝殿の中は驚くほど広く、境内は美しく掃き清められ、何一つ無駄な物は落ちていませんでした。遺品館に陳列されていた千人針。寅年生まれの方のためだと思いますが、なんとも言えない顔をしています。機会があれば是非ご自分の目でご覧ください。

お取次ぎは若く爽やかな神職がご奉仕くださりました。

美しく爽やかなお宮です。是非一度ご参拝ください。

四月二十七日　宮城縣護國神社
昭和三十八年五月十八日　御親拝・行幸啓
御祭神　五万六千余柱
御創立　明治三十七年八月二十七日
春季例大祭　四月二十九日～五月一日
秋季例大祭　十月二十二日・二十三日
英霊感謝祭　八月十五日

宮城縣護國神社では、荘厳な本殿で厳粛にお参りさせていただきました。

また、神職から暖かいお言葉と励ましをいただき、みたまへの感謝が更に更に深まりました。おもてなしをいただき、良いお話をお伺いしていたら、写真を撮り忘れていました。

四月二十七日　岩手護國神社

御祭神　三万五千七百余柱
御創立　明治二年
春季例大祭　五月三日
秋季例大祭　十一月一日
戦歿者追悼平和祈願祭　八月十五日

岩手護國神社は数少ない「縣」が付かない護國神社です。

盛岡八幡の神域に鎮座します。外観は歴史を感じさせる趣ですが、拝殿内は違う場所に来たような感覚になる空間が広がります。これは体験しないと分からないと思いますので、是非とも正式参拝をしてください。異空間のような拝殿では、神職と巫女さんのご奉仕で正式参拝をさせていただき、三万五千七百七十八柱の御祭神に天皇陛下靖國神社御親拝祈願をして参りました。

参拝後、過大なお下がりを頂戴いたしました。ありがとうございました。

四月二十八日　北海道護國神社

御祭神　六万三千百五十四柱
御創立　明治三十五年五月五日
例祭　六月四日～六日
献灯みたま祭　八月十三日～十七日

北海道には内務省指定護國神社が三社あり、その一社が苫小牧フェリーターミナルから約二百キロ、札幌から約百四十キロの旭川に鎮座まします。陸上自衛隊旭川駐屯地と国道を挟んで鎮座する北海道護國神社は、北海道らしい広大な神域を誇ります。

札幌で大日本愛国党雪田顕正さんと待ち合わせし、案内いただき、ともに正式参拝でみたまの皆さまに「天皇陛下靖國神社御親拝」を祈願申し上げて参りました。札幌に戻り札幌護國神社へお参りするので時間に余裕がなく、早足での境内散策となりましたが、一木支隊鎮魂碑、歩兵八九聯隊合同慰霊碑、北海道の形をした神池など、最北端の護國神社であらためて感謝が込み上げてまいりました。

綺麗に掃き清められた境内は、自衛隊の皆さまがいつもご奉仕なされているのだと思います。

四月二十八日　札幌護國神社

御祭神　二万五千五百四十九柱
御創立　明治十二年
例大祭　七月六日
平和祈念祭　八月十五日

北海道護國神社から札幌護國神社へ大日本愛国党の雪田さんと参りました。札幌護國神社は多賀神社と隣接していて、ここも北海道護國神社のような広大な敷地を誇ります。正式参拝は宮司さま自らお取次ぎいただき、大きな声で祝詞を唱え、きっとみたまの皆さまに願いは届いたと思います。

参拝後に宮司さまに誘われ、御祭神の遺品を拝見いたしました。ひとつひとつ丁寧にご説明賜り恐縮してしまいました。また、社殿隣に鎮座する慰霊碑などもひとつひとつ丁寧にご説明くださいました。途中から雨が降ってきたので、宮司さまにご案内を遠慮申し上げたのですが、そのまま雨の中ご案内を続けてくださいました。

札幌へ来られたら札幌護國神社へお参りすることをお勧めします。時計台のようにガッカりすることはありません。素晴らしいお宮と宮司さまがいらっしゃいます。

四月二十九日昭和節　函館護國神社

御祭神　一万三千余柱
御創立　明治二年五月十一日
例大祭　五月十一日
終戦平和祈念祭　八月十五日

函館護國神社は函館山の中腹にあり、すぐ脇をロープウェイが走っています。境内横には旧官修墳墓（明治戊申己巳の役で戦歿した弘前藩、大野藩、備後福山藩等の将士を葬っている墓）があり、広い境内には多くの慰霊碑が鎮座します。
天気も良くて晴れていたのですが、函館はまだ肌寒く、掃き清められた境内の芝生には、ようやくつくしが顔を出していました。
正式参拝でのご奉仕はとても優しく親切な宮司さまにお取次ぎいただき、厳粛な拝殿で御祈願申し上げて参りました。

四月三十日　青森縣護國神社

昭和三十八年五月二十一日　御親拝・行幸啓
御祭神　二万九千百七十六柱
御創立　明治二年六月六日
例大祭　四月二十八・二十九日
昭和二十一年神道指令に逆らい「護國神社」の名称を変更せず。全国で三社のみ。

青森縣護國神社は弘前城内にあり、御創建は靖國神社よりちょっと早い明治二年六月六日。当日は弘前さくらまつりで連休の真っ只中。朝八時過ぎには的屋と花見客で境内周辺はすごい人、人、人でした。冬の厳しい弘前で春の訪れを喜び、多くの参拝者が訪れるさくらまつりは地元の方々の大切なまつりで、故郷に連休を利用して帰省する皆さまを迎える盛大な行事です。

正式参拝では、宮司さまにお取次ぎいただきました。参拝時の雅楽、斉藤宮司さまの太鼓が素晴らしい。小生は正面を向いていたので分からなかったのですが、太鼓のときに誰か他にいるのかなと思ったほど、数人で叩いているような激しく心に響く太鼓は驚愕でした。そして、玉串を捧げ、礼をするときに心の中で「天皇陛下靖國神社御親拝祈願」を唱え、みたまの皆さまに感謝してまいりました。できるだけ早く時間を設け、またお参りさせていただきたいと思います。

小生にとって特別な護國神社となりました。

四月三十日　秋田縣護國神社

昭和四十四年八月二十六日　御親拝・行幸啓
御祭神　三万八千余柱
御創立　明治二年
春季例大祭　四月二十九日
秋季例大祭　十月二十四日

お参りをしてから社務所へ。応対くださったのが面山宮司さまでした。宮司さまは非常に雰囲気の穏やかな紳士で格好良く、なんともいえない良い方です。

昇殿参拝で忠霊の皆さまにご丁寧なお取次ぎをいただき、お言葉を頂戴しました。面山宮司さまのお言葉で非常に印象的だったのが、「目に見えるものよりも目に見えないものの方が尊い」というお言葉でした。お礼参りで必ずまた参ります。

平成二年には大嘗祭に反対する極左暴力集団に本殿が放火され、犯人がいまだ逮捕されていないこともあり、今回の御代替わりでも油断はできません。地元の藤山恵吉さんが駆けつけてくださいました。

五月一日　新潟縣護國神社

御祭神　七万九千七百二十九柱
御創立　明治元年
秋季大祭　九月八日
万燈みたま祭り　八月十四～十六日

波の音が聞こえるほど海岸近くに鎮座するお宮の敷地は広大で、参道には数多くの慰霊碑が並び、朝の散歩でお参りする方が非常に多く、またその地元の方々の参拝作法が美しかったです。犬の散歩で参られた方は鳥居で拝殿に向かい一礼して通り過ぎますが、その時一緒に犬も一礼していきます。本当です。今までも日本海側の皆さまの敬神崇祖の意識の高さを報告してますが、犬まで立派な作法で驚かされました。

昇殿参拝では御親拝祈願はもちろんですが拉致被害者救出も祈って参りました。

見た目は普通のお宮ですが、中は絢爛豪華、素晴らしい美しさでした。月次祭《つきなみさい》でお忙しい中ご丁寧にお取次ぎいただきました。居合わせたご婦人に激励もいただきました。

五月一日　群馬縣護國神社

御祭神　四万七千余柱

御創立　明治四十二年
例大祭　十月十六・十七日

新潟縣護國神社から群馬縣護國神社へは、後から考えれば順路に若干無理がありました。大型連休に重なり、所々で渋帯に巻き込まれましたが、予定通りに到着できたことに、みたまの御加護を感じました。

地元の武井さん、原田さん、弊會群馬県本部の皆さまと昇殿参拝。ま心込めて参拝いたしました。

広大な山の中腹に鎮座するお宮は、群馬県本部の有志が定期的に清掃奉仕させていただいています。社号標から拝殿までは長い登り坂ですが、社務所前まで車で乗り入れることも可能なので、年配の方にも安心してお参りできる優しいお宮です。

五月二日　長野縣護國神社

御祭神　六万四千余柱
御創立　昭和十三年
例祭　四月三十日
献灯みたま祭　八月十三日～十六日

長野縣護國神社へは前日の夜に到着し、境内の駐車場で泊まりました。暗闇の中に狸が行き来し、縄張りに侵入した不審者を見張っていました。静寂な深夜の境内を、きっとこの神域で生まれ育った野生動物が警備を行っています。

地元の兒嶋正文さんが駆けつけてくださり、境内清掃奉仕を一緒に行い、同志の方々から預かった協賛金もいただきました。ありがとうございます。正式参拝は二人でま心込めてご祈願申し上げました。神職から大変ありがたい激励のお言葉も頂戴いたしました。

五月二日　飛騨護國神社

御祭神　六千五百二十五柱
御創立　明治十一年（祖霊社）
春季慰霊大祭　五月二・三日
秋季慰霊大祭　十一月四・五日
献灯みたま祭　八月十四・十五日

飛騨護國神社は、情緒溢れる街並のちょっと高台にあります。その風格を感じさせる荘厳な佇まいは、元々高山城の三の丸だったそうです。神社には保育園が隣接し、子供たちの可愛らしい元気な声が聞こえていて、忠霊の皆さまの微笑を感じられる素晴らしい境内です。

この日は例大祭日で大変お忙しいところを、昇殿参拝では丁寧にお取次ぎくださいました。本殿は外観からは分からない奥行きで、御神鏡が遥か遠くに感じます。数少ない額づいての参拝になります。

飛騨護國神社では女性神職のご奉仕でお取次ぎいただきました。笑顔の素敵なとても可愛らしい神職です。幼少期をこの地で過ごされた軍神廣瀬武夫中佐の胸像がすぐ近くに鎮座しています。

五月二日　石川護國神社

御祭神　四万四千八百三一十二柱
御創立　明治三年
春季例大祭　四月十九日
秋季例大祭　十月十九日
石川県戦歿者追悼平和祈願祭並びに合同招魂祭　八月十五日

富山縣護國神社から石川護國神社へは毎年大東亜聖戦祭で走っているので道は慣れているのですが、本日はインチキ「憲法記念日」で、連休と相俟って若干渋滞気味でした。各県の護國神社は「縣」が付きますが、石川護國神社には「縣」が付きません。兼六園周辺は観光客で溢れ、護國神社の駐車場も満車でした。護國神社と知らず車を停めた家族が「護國神社だって、折角だからお参りして行こう」と。それでも良いのだと思いますが、家族のお出かけの目的地が護國神社へとなるように、今以上に護國神社への感謝を周知していきたいと感じました。それでも、忠霊の皆さまは微笑まれていると思います。

高井宮司さまとは大東亜聖戦祭で何度もお会いしていますが、初めてゆっくりお話させていただきました。見た目は近づき難い厳しい風貌の宮司さまですが、穏やかで優しく信念の固いロマンスグレーの素敵な宮司さまです。

五月三日　富山縣護國神社

昭和三十三年十月二十九日　御親拝・行幸啓
御祭神　二万八千六百八十二柱
御創立　大正二年十月
春季例大祭　四月二十五日
秋季例大祭　十月五日

富山縣護國神社は神通川を背後に堂々たる社殿のお宮です。海も近く朝はサギとカモメ、海鳥たちが境内の杉の高いところに巣を持っているようで、時々なんともいえない獣のような声が聞こえます。朝一番に清掃奉仕で境内を巡りましたが、宮司さま自ら先頭に清掃された境内には、見事に何も落ちていませんでした。仕方がないので神社の周りを散策しながら清掃いたしました。

近所の方にも声をかけていただき、いつも足早に参拝して下がってしまっていたので、初めてゆっくり色々拝見することができました。

御祈願の昇殿参拝では、神社界の重鎮栂野宮司さま自らご案内いただき、緊張しながら御祈願申し上げました。昇殿参拝で国歌斉唱をしたのは富山縣護國神社だけでした。大きな声で斉唱いたしました。

五月四日　福井縣護國神社

御祭神　三万一千九百九十一柱
御創立　昭和十六年
春季例大祭　四月十三日
秋季例大祭　十一月二日
みたま祭　八月十三日～十五日

福井縣護國神社では、地元の森川照男さんに何から何まで大変お世話になりました。福井縣護國神社は住宅街の中に広大な敷地を誇りながら、静かな佇まいで鎮座するお宮です。社号標から第二鳥居までの参道は長く距離があり、第二鳥居前には道路が通っています。靖國神社と同じです。参道には幕末の偉人橋本左内命《のみこと》の石碑が鎮座し、お参りになられる方は必ず足を止めます。

昇殿参拝は地元の方々と御祈願申し上げて参りました。福井県へは稲田朋美さんの選挙応援から行く機会が増えました。あまり接することのなかった福井県ですが、大好きな町のひとつです。教育レベルの高い福井県は橋本左内命の教えが行き届いているからだと感じることができます。いずれこの地から、また偉人が出ると思います。

五月四日　滋賀縣護國神社

御祭神　三万四千七百五十二柱
御創立　明治八年四月
春季例大祭　四月五日
秋季例大祭　十月五日
みたま祭　八月十三日〜十五日

滋賀縣護國神社は「ひこにゃん」で有名な彦根城の麓にあります。彦根城観光の駐車場と隣接しているために、多くの方がお参りになられます。できることなら護國神社のお参りついでにひこにゃんに会いに行くようにしたいですね。

正式参拝は非常に歴史を感じさせる本殿で、丁寧な祝詞をあげてお取次ぎをいただき、忠霊の皆さまに「天皇陛下靖國神社御親拝」を祈願して参りました。本当に一社一社作法が微妙に違いますが、変わらないのは御祭神に対しての敬神崇祖の想い、念です。

連休中ということもあり、多くの観光客が彦根城を訪れていました。石川護國神社と同様に駐車場としての利用者が多く感じられ、どうしたら観光客の方々に護國神社の御祭神のことを知ってもらえるのか、伝えることができるのか、強くなった五月の陽射しの下、ない知恵を絞って考えます。

五月五日　京都霊山護國神社

御祭神　七万三千十一柱
御創立　明治元年
春季例大祭　四月二十八日
秋季例大祭　十月十四日
みたま祭　八月十三日～十六日

京都霊山護國神社は、護國神社の中で最も古い、明治元年御創立です。京都の街は連休で、多くの観光客で賑わっていました。自家用車はちょっと不便に感じる観光地です。公共交通機関を使ったほうが楽しく廻れると思います。車を駐車場に置いて、長い長い坂を登って京都霊山護國神社へ。山の中腹にある境内はそれほど広くはありませんが、数多くの慰霊碑が参拝者を迎えます。拝殿右側が山になっていて、明治維新の志士たちのお墓になっています。ここでの慰霊祭が靖國神社へとつながりました。

昇殿参拝はできなかったので、玉串料を袋に入れて「天皇陛下靖國神社御親拝祈願」と書いてお賽銭箱に納め、心を込めて感謝と祈願を申し上げて参りました。

朝は九時開門なので、いつものように早朝から清掃奉仕、散策ができません。明治維新の志士たちのお墓参りには背広と革靴は不向きです。京都霊山護國神社から歩いてすぐの八坂神社は観光客で溢れていました。行列が長かったので、ご朱印は諦めました。

五月五日　奈良縣護國神社

御祭神　二万九千余柱
御創立　昭和十七年
春季例大祭　四月十五日
秋季例大祭　十月二十二日

奈良縣護國神社は観光地から離れた閑静な森に鎮座するお宮です。社号標から本殿までは長い長い森の参道を歩きます。参道の森を抜けるとなんともいえない開放的な、白く掃き清められた境内に出ます。ほんとになんともいえない感覚なので、是非皆さま一度、奈良縣護國神社へお参りいただき、ご自身で体験ください。

大渋滞の京都から比べると驚愕の静けさです。最高気温が二十七度という熱射の参道から昇殿参拝へとお取次ぎいただいたのは宮田宮司さま自らでした。気さくで優しい宮司さまに昇殿参拝後、社務所でおもてなしをいただきました。神道、護國神社について分かりやすく丁寧にご指導賜りました。御親拝に関しても大変貴重なお話を賜り、暖かいお言葉で激励をいただき、希望が大きくなりました。宮田宮司さまありがとうございます。

五月六日　大阪護國神社

御祭神　十万五千六百四十九柱
御創立　昭和十五年
春季例大祭　五月二十日
秋季例大祭　十月二十日
みたままつり　八月十四・十五日

大阪護國神社は大阪住之江公園と隣接している非常に立ち寄りやすい場所に鎮座されます。柳澤宮司さまには境内でご挨拶したところ社務所にご案内いただき、おもてなしと暖かい言葉、大阪護國神社のことなど親切にお話くださり、結婚式の予約が入っている忙しい時間でも丁寧に対応くださり感激でした。

大阪護國神社には今までも何度も参っておりますが、今日境内を散策していると、さくらの葉が頬を撫でました。ふっと思いちょっと離れて見てみると、全体的にさくらの木の背が低いのです。成長段階ということではなく、背の低い品種かなと思いましたが、そういう訳でもなく、丁度良い場所にさくらの枝が来るのです。さくらの緑の葉が頬に触れると、みたまの皆さまと触れ合っているような気がしました。是非、さくらの季節にも来てみたいです。この背の低いさくらを持つ大阪の方々は恵まれています。羨ましく感じます。

柳澤宮司さまをはじめ大阪護國神社の皆さまには、本当にお忙しいところ大変親切に丁寧にご奉仕賜りまして、衷心より感謝申し上げます。大阪護國神社の御祭神数は沖縄、福岡についで、十万を超える忠霊をお祭り申し上げています。それほど広くない境内には慰霊碑が参道左右に鎮座し、新しいものもあります。大阪の皆さまのま心を強く感じます。

五月六日　兵庫縣神戸護國神社

御祭神　五万三千一一百五十七柱

御創立　昭和十六年
春季例大祭　五月六日
秋季例大祭　十一月六日

兵庫縣神戸護國神社は本日例大祭日で、昇殿参拝は叶いませんでしたので、玉串を納め、静かに参拝して下がりました。閑静な高級住宅地の中に鎮座する兵庫縣神戸護國神社は特に観光地が隣接している訳ではないので、護國神社へお参りに行くという明確な目的を持ってお参りできるお宮です。境内は山の段々を利用して作られたお宮で、数々の慰霊碑を見ながら登っていくと、立派な本殿が現れます。

参道には加古川少年飛行兵の顕彰慰霊碑もございます。小生の前の事務局長藤澤越先生が加古川少年飛行兵十八期で、よく加古川という地名を聞かされていたので、親しみのある地名です。参道で藤澤先生のことを思い出しました。普段は境内に車を駐車できるのですが、本日は例祭日で境内にも神社周辺にも車を停める場所がなくて困りました。御親拝実現後のお礼参りで昇殿参拝させていただくのが楽しみです。

小雨降る境内にはテントが張られ、ご遺族を中心に多くの参列者がおられました。後でわかりましたが、姫路護國神社の神職さんがお手伝いに来ていました。

ご遺族の高齢化という抗うことのできない事象は、容赦なく護國神社にのしかかってきます。私たちの使命は次の世代への正しい継承です。

五月六日　兵庫縣姫路護國神社

御祭神　五万六千九百八十八柱命
御創立　昭和十三年
春季慰霊大祭　五月二日
秋季慰霊大祭　十一月二日
英霊感謝祭　八月十五日

姫路護國神社は綺麗になった姫路城の麓に鎮座します。こちらの地もやはり姫路城が観光資源としてあるのですが、観光客の動線と神社の位置が重ならないので、姫路城の観光客が増えてもそれほど参拝には繋がらないのではないかと思いました。護國神社には参拝者用の駐車場があるのですが、初めて来た者には分かりづらく、姫路城観光用の有料駐車場が広く大きくあるので、そちらに駐車してしまいます。

雨の中境内を散策後、昇殿参拝いたしました。

本殿内は、正面に鎮座する御神鏡をはじめ、全てのものが驚くほど綺麗に磨かれ、正式名称は分かりませんが、階段や梁などに付いている金色の装飾部分は綺麗に磨き込まれ、こちらの神職さんたちの朝晩の一所懸命なご奉仕の様子が窺えるようでした。
昇殿参拝では、こちらでも宮司さま自らお取次ぎいただき、暖かいお言葉を頂戴いたしました。また、美しく磨かれた御神鏡を見つめていると、落ち着きながらも高揚します。是非皆さまにも昇殿参拝で感じて欲しいと思います。

五月七日　岡山縣護國神社

御祭神　五万六千七百余柱
御創立　明治二年
春季慰霊大祭　五月六日
秋季慰霊大祭　十月六日
終戦の詔書奉戴日本興隆祈願祭　八月十五日

岡山縣護國神社は岡山市の中心部からちょっと離れた山の中に鎮座します。国道から狭い曲がりくねった参道を登ってくると、突然大きく開けた社頭に到着します。社頭前には慰霊碑が左右に並び、本殿に向かって左側には岡山県神社庁があります。交通の便は非常に悪く感じたのですが、夜中も早朝も参拝に参られる方々はいらっしゃいました。こちらでは、作家の片山利子先生から遺品館で「神社《かんじゃ》澄命《きよし》」の遺品を拝見してくるように厳命されていました。終戦後に自ら命を絶たれた軍人では宇垣纏《うがきまとめ》中将も岡山県出身です。岡山県出身の軍人の責任感にただただ頭が下がります。

本日は、地元岡山県の大行社岡山県支部の早瀬内海さまを筆頭に久長剛さま、政治結社一刀社の山本稔両さま、政治団体大和塾総本部の梅本百合庚さま、川上裕一さまに大変お世話になり、多大なご厚志を頂戴いたしました。久長剛さま、山本稔両さまには正式参拝をご一緒していただき、みたまの皆さまもさぞお喜びのことと存じます。お忙しい中本当にありがとうございました。

五月七日　鳥取縣護國神社

御祭神　二万三千四百七十七柱
御創立　明治元年
春季例大祭　四月二十二日
秋季例大祭　九月二十二日

鳥取縣護國神社は過去に数回の遷座があり、現在鳥取砂丘を眺望する高台に鎮座します。この場所も明確に鳥取縣護國神社へお参りに行くという目的がないと、なかなか辿りつく場所とは思えませんでした。社号標の揮毫は靖國神社第四代鈴木孝雄宮司の陸軍大将時代のものです。ちなみに鈴木孝雄官司の実兄は終戦時の総理大臣鈴木貫太郎です。

砂丘のすぐ近くで、境内はサラサラの砂です。砂丘の砂は柔らかくて粘りがなく、服に付いても軽く叩くと綺麗に落ちます。慰霊碑は新しいものも多く、平成二十七年八月十五日に建立された慰霊碑には「この碑にて、俺の戦後は、消えにけり」とありました。多分、九十歳前後の方だと思いますが、七十年経って自分の戦後への想いを碑に込められたのだと思います。この碑に込められた想いは、私たちへ託されたのだと感じました。

拝殿は非常に質素な佇まいで、静かに砂丘と日本海を見下ろしています。神職さんが不在のため昇殿参拝はできませんでしたが、社務所にいらした年配の方に玉串を納め、色々ご指導いただきました。「天皇陛下靖國神社御親拝祈願」と書かれた玉串を見て、激励をいただきました。こちらも必ずお礼参りで昇殿参拝いたします。

五月八日　松江護國神社

御祭神　二万二千九百二十柱
御創立　昭和十三年
例祭　例大祭　十月二十三日

松江護國神社は松江城天守の隣というか横というか、ちょっと分かりづらい場所に鎮座します。車で神社まで直接行くのは難しいので、松江城の駐車場を利用すると良いでしょう。ちょっとマイナス面を紹介しましたが、松江護國神社は是非お参りいただきたいお宮です。というのも、お若いご夫婦で宮司、禰宜と御祭神にお仕えし、禰宜の奥さまは「留魂——陸軍航空五十六期生戦いと慰霊の軌跡」という冊子に特攻隊の軌跡をまとめ、お伝えくださっています。昇殿参拝前に社務所の一室に案内されましたが、その部屋には資料となった書籍が綺麗に並べられ、その一冊一冊に数え切れない付箋が付いていました。

それだけで涙腺が壊れている小生は大変なのですが、本殿でお取次ぎをいただいたときにさらなる感動がありました。若くて二枚目の工藤宮司さまは支那事変八十年ということで、盧溝橋から南京へとあらましを滑舌の良い大きな声でご案内くださいました。神職は語り部たれと大野俊康靖國神社第七代宮司の心を感じました。

「留魂」は松江護國神社に直接ご注文ください。頒価千円です。できれば、直接お参りいただき購入ください。ご夫婦で誠心誠意ま心込めて忠霊にご奉仕いただいていることを肌で感じることができます。素晴らしいお宮に案内くださった忠霊に感謝申し上げます。

五月八日　濱田護國神社

御祭神　二万三千余柱

御創立　昭和十三年十一月二日

例祭　慰霊大祭　四月十二日
英霊追悼慰霊祭竝平和祈願祭　八月十五日

松江護國神社から出雲大社へ参り、大国主命にご挨拶して、濱田護國神社へ参りました。全ての神社で、どこに車を停めても一旦社号標まで行き、参道を登って参ります。出雲大社の無料駐車場は拝殿近くにあったので、社号標まで参道を一往復しました。気温も高くスーツ姿で革靴なので汗が止まりませんでした。

濱田護國神社は濱田城跡に鎮座します。社務所横に駐車場があるのですが、麓に社号標と鳥居を見つけたので、車を停めました。こちらのお宮も参拝者返しの石段と坂で、小生の心肺機能はかなり鍛えられました。境内にたどり着くと、そこはやはり神域です。森に囲まれ、時が止まったような佇まいで迎えてくださいました。印象は良い意味でとても質素です。それでいて荘厳な、説明できない不思議な雰囲気のお宮です。また必ずお参りしたいです。

昇殿参拝はとても若い神職がご奉仕いただきました。聞けば、護國神社に奉職してから御祭神の勉強をしたそうです。誇り高き忠霊の偉業を知れば知るほど、護國神社に奉職できたことを感謝すると思います。素晴らしい若者と出会えたことを感謝申し上げます。

五月九日　山口縣護國神社

御祭神　五万二千百二十八柱
御創立　明治三十六年
春季慰霊大祭　四月二十九日
秋季慰霊大祭　十一月三日
終戦の日平和祈願祭　八月十五日

山口縣護國神社、すべてはここから始まったとも言うべき長州、山口縣護國神社へお参りいたしました。国道沿いに鎮座するお宮は、威風堂々、来る者を拒まず、一歩足を神域に踏み入れると敬虔な気持ちにさせる、そんなお宮です。本日は明治維新の志士たちに想いを馳せ、祈願して参りました。神職にお礼を述べ、御親拝祈願の趣旨を「天皇陛下とみたまが望まれています」と言ったところ、かぶせ気味に「当然です」と力強く仰りました。暖かいお言葉も頂戴し、福岡へ向かいました。ありがとうございます。

靖國神社外苑参道の銅像大村益次郎命も山口縣護國神社の御祭神です。東京招魂社の初代宮司青山清も山口県出身です。現在の日本は明治維新の志士たちが目指した日本になっているのでしょうか。天皇陛下を「象徴」というお立場にするために命を賭けたとは思えません。申し訳なさを感じました。

昇殿参拝では熟練の神職が奉仕くださりお取次ぎいただきました。吉田松陰命に知恵と勇気を少しでもお借りできればと思いましたが、それは願わず、ま心込めて感謝と祈願申し上げて参りました。本当に素晴らしい日本人に護られていることを感じました。

五月九日　福岡縣護國神社

御祭神　十三万余柱
御創立　昭和十八年四月三十日
春季大祭　五月三・四日
秋季大祭　十月第二月曜日及その前日
お盆みたままつり　八月十三日～十六日

福岡縣護國神社へ向かう途中は土砂降りで、支那大陸から飛来した黄砂で汚れた車を洗い清めてくれました。九州へは関門トンネルを利用しました。福岡縣護國神社は都心部に鎮座し、広大な敷地を誇ります。何よりも御祭神数が十三万余柱と群を抜きます。数でいうと沖縄県が十八万近い御祭神数ですが、沖縄で散華された各地の忠霊を祀られているので、県単位でいうと福岡県が一番多いです。数の問題ではありませんが、さすが頭山頭翁の地元、勇猛果敢な人々が多く、敬神崇祖の念が強いことが感じられます。

神社の駐車場に車を停めると若干雨が小ぶりになり、散策が楽になりました。立派な木造の鳥居が聳《そび》え立ち、森の参道を抜けると厳かな境内に出ます。社務所には若い神職と可愛らしい巫女さんが何人もいて、非常に活気を感じました。初めて参るお宮なのに懐かしさを感じる、そんな福岡縣護國神社でした。

昇殿参拝では立派な神職がご奉仕くださりお取次ぎをいただき、忠霊に感謝と祈願を申し上げました。直会《なおらい》で御神酒《おみき》と一緒に塩昆布を頂戴しましたが、この塩昆布が非常に美味しかったです。神職さんからありがたい労いのお言葉を頂戴している最中だったので、泣く泣く飲み込みました。お礼参りでまた参ります。

五月十日　佐賀縣護國神社

御祭神　三万五千六百余柱
御創立　明治三年
春季例大祭　四月十三日～十五日
秋季例大祭　十月十三日～十五日
平和祈願祭　八月十五日

佐賀縣護國神社は国道からちょっと入ったところにあります。佐賀県神社庁に隣接しています。境内は元々は広大な敷地だったものが削られ削られ、現在の境内になったと思います。

大変失礼ですが、それほど広くない境内には多くの慰霊碑が並び、社殿は護國神社らしい質素でいて威厳のある風格ある御社殿です。
護國神社へ到着すると、すぐに福岡県の小川君が参りました。昨日の福岡縣護國神社より佐賀縣護國神社のほうが自宅から近いらしいです。参拝は朝拝が終えるのを待って、厳粛にお取次ぎいただきました。参拝後に神職から現在の護國神社について若干のご説明をいただきました。深く深く三万五千六百余柱の忠霊に御祈願申し上げて失礼いたしました。

五月十日　長崎縣護國神社

昭和四十四年十月二十六日　御親拝・行幸啓
御祭神　六万八百十二柱
御創立　明治二年
春季慰霊大祭　四月二十二日
秋季慰霊大祭　十月二十六日
英霊追悼祭　八月十四・十五日

長崎縣護國神社は爆心地を臨む小さな山の上に鎮座します。狭い上り口を上がっていくと、境内の前は広々とした駐車場でした。こちらでは若い神職さんが心を込めて丁寧なお取次ぎをご奉仕くださいました。人の良さが全身から溢れ出ているとても親切な神職さんでした。駐車場からは長崎の街が一望できる天に近い場所から感謝とご祈願申し上げました。

五月十一日　熊本縣護國神社

昭和三十五年十月二十四日　御親拝・行幸啓
御祭神　六万五千余柱
御創立　明治二年二月
春季慰霊大祭　四月二日
秋季慰霊大祭　十月十日
英霊追悼祭　八月十五日

熊本県は皆が協力して復興途中です。夜、熊本県入りしたので気が付きませんでしたが、朝になって、一年以上経ってもまだまだ復興途中なのだと気付かされました。参拝は、地元の吉永昌雄さまが暑い中来てくださいました。また、大日本一誠会仲程会長の手配で、地元の大日本一誠会九州総本部四扇塾、日本民族青年同盟熊本県本部、日本同盟宮崎県本部の皆さまが一緒に参拝してくださいました。

参拝後に三十代の若い神職が、全国巡拝への労い後、震災に触れ、自然の無慈悲を話されました。話し方が上手なのと、とても惹きつける話をなさるので、「大野俊康靖國神社第七代宮司が『神職は語り部たれ』と仰っていたそうですよ、実践なさっていますね」と言うと、「私は大野宮司と同郷で、良くしていただいていました」とのこと。大野宮司の精神は色々なところで細胞分裂を繰り返し広がっていると感じました。立派な神職になる方だと確信しました。

五月十一日　宮崎縣護國神社

昭和四十八年四月七日　御親拝・行幸啓
御祭神　四万千八百七十二柱
御創立　昭和三十年三月
例大祭　四月十日
終戦記念奉告祭　八月十五日

宮崎縣護國神社は護國神社で唯一、いわゆる戦後に御創立した護國神社です。熊本縣護國神社で皆さまに見送られ、国道を宮崎に向かいました。全国巡拝でこの行程が一番快適だったと思います。見事な五月晴れの山道を、ゆっくり景色を楽しみながら進むと、見事なほど信号がありません。二百キロほどの距離ですが、三時間前後で宮崎の市街地に到着しました。

燃費もかなり良かったです。また走りたい行程です。

宮崎縣護國神社は宮崎神宮の神域に鎮座しますので、最初に宮崎神宮に参りました。宮崎縣護國神社で、とても素敵な神職さんが丁寧なお取次ぎをくださいました。ご社殿の修復作業中だったのですが、わざわざ参拝中は作業を中断してくださいました。こちらでも、ありがたい労いのお言葉を頂戴いたしました。

祈りは神頼みではありません。自分ができる限りのことをやって、その上でほんのちょっと神さまにお手伝いいただけたらという気持ちです。巡拝は目的ではありません。これをいかに次につなげ実現するか、畏れ多く不敬なことかも知れませんが、天皇陛下の御心を思うと胸が締め付けられます。

五月十二日　鹿児島縣護國神社

昭和四十七年十月　御親拝・行幸啓

御祭神　七万七千六百余柱

御創立　明治元年

春季大祭　四月十三日

秋季大祭　十月十三日

大東亜戦争戦歿者慰霊祭　八月十五日

本日は、鹿児島縣護國神社、鹿児島神社、知覧特攻公園、鹿屋の野里国民学校跡地と廻りました。

鹿児島縣護國神社は、西郷南洲翁終焉の地城山の麓に鎮座します。市街地からちょっと離れ、正面には高校があり、昼間はさぞ賑やかだと思います。御創立は靖國神社より一年早い明治元年戊辰《ぼしん》の役において戦功の大きかった薩摩藩の戦死者の忠魂を永久にお祀りせよとの明治天皇の思し召しにより、朝廷より金五百両を賜り、靖献霊社《いさたまれいしゃ》として御創立されました。

鹿児島縣護國神社には大変丁寧なご奉仕を賜りました、ありがとうございます。また、参拝後には禰宜さんにもおもてなしを賜り、大変恐縮でした。

神社「言挙げせず」ですから崇敬者氏子（松平宮司は一億総氏子と仰ってました）がみたまのおこころを忖度し、代弁しなければならないと深く深く感じました。

また、その地方地方で紡がれる地元の歴史があり、郷土愛の深さを色々な形で感じることがあります。薩摩は特に郷土愛の強い地域だと感じました。

鹿児島縣護國神社からすぐ横に鎮座する鹿児島神社へもお参りしました。鹿児島神社の山下宮司さまには、お出かけ前の忙しい時間にご丁寧に対応いただきました。鹿児島神社から知覧への行程は、海岸線から山の中へ小雨の中向かいました。知覧では、特攻記念館横に鎮座する知覧町護國神社に靖國神社の御神酒を供えてお参りし、鹿屋へ向かいました。知覧から鹿屋へは来た道を戻り、鹿児島市内からフェリーで大隅半島へ渡ります。

海軍鹿屋基地は現在海上自衛隊鹿屋航空基地となり、資料館も併設されています。この周辺には多くの特攻隊関連施設がありますが、小生は野里国民学校跡地の石碑をお勧めします。平成二十七年にお参りした際には、慰霊碑の前の道は狭く、車を停める場所がなく、狭い農道に車を停めてお参りしましたが、今回行ったら道幅が広くなり、しかも目の前に駐車場ができていました。地元の方々の野里小学校で学鷲と直接交わった方々のご尽力だと思います。毎日綺麗な花が供えられています。心より感謝申し上げます。

慰霊碑には山岡荘八の揮毫がいくつもあります。海軍報道班員として赴任した鹿屋で学鷲と親しく交わったことが山岡荘八のその後の人生に大きく関わったことは間違いありません。その学鷲のひとり西田高光命の祀られている大分縣護國神社へは明日参ります。その後、ご実家を訪ねお墓参りをさせていただきます。

特攻隊員の皆さまに感謝申し上げ、櫻花の慰霊碑に靖國神社の御神酒をお供えし、大分県に向かいました。

五月十三日　大分縣護國神社

昭和四十一年十月二十二日　御親拝・行幸啓

御祭神　四万四千余柱

御創立　明治八年十月十八日

例祭　春季例大祭　四月九日
秋季例大祭　十月九日
みたま祭平和祭　八月十五日

大分縣護國神社へは鹿児島から夜間移動で参りました。一旦参拝し、境内を散策していると偶然出ていらした神職さんと朝のご挨拶をさせていただきました。すると「沼山さん？」。宮司の八坂さまでした。名前を呼ばれたことにも驚きましたが、宮司さまの物腰の柔らかさ、紳士ぶりに、さすが護國神社の宮司さまだなと感じました。また、禰宜の後藤さま、女性職員の方にも大変親切にしていただき、恐縮でした。

御神門をくぐって右側の陳列室には、地元のお子さんたちが描かれた干支の絵馬が大きく引き伸ばされて陳列されています。一番古いものが九年前のもので、あと三年で十二支すべてそろいます。最初の子はすでに高校生になられているそうです。こういう地元の子供たちとの交わりは本当に素晴らしいことだと思います。

五月十三日　西田高光命墓参

大分縣護國神社の後藤禰宜さまのおかげで、西田高光命の墓参ができました。

ご自宅前で小生のために新品の長靴を用意して待っていてくださった、弟の久光さま。高光命が年齢を重ねていれば、きっとこの方のような老人になられたのだと思います。すぐに自宅前のお墓に案内くださいました。立派な新しい西田家墓前に靖國神社の御神酒を供え、声を出してお礼の言葉を述べさせていただくと、久光さまから「兄貴だけの墓があるから」とご案内いただきました。道らしい道がない山を登り、西田高光命のお墓に案内されました。久光さまも当然高齢で、容易ではない参道を案内くださり、申し訳ない気持ちと感謝の気持ち、大山晋吾先生から教わった大野俊康靖國神社第七代宮司の特攻隊員への想い、色々な感情が押し寄せ涙が出てしまいました。木々に囲まれたお墓でお礼を述べ、ご自宅へ案内いただきました。

ご自宅へお伺いすると、鴨居にはお兄さま方の写真が飾られていて、何度も見ている西田高光命の本物の写真を拝見することができ、あの西田高光命が生まれ育ち高邁なる精神を培った同じ場所に、今自分がいて同じ空間の空気を吸っていることに、多くの人と書物との出会い、何より靖國神社のみたまの皆さまがここまで導いてくださったことに、本当に感謝以上の感情でした。また、久光さまからも「兄貴のことをあんたみたいな若い人がわざわざ来てくれるなんて」と資料をたくさん出していただきました。心残りは奥さまからは大変なおもてなしをいただいたのですが、三週間ほど車中生活を続けていて食事量が少なくなっていて全然食べられなくて、大変失礼をしてしまいました。

西田家のある集落の入り口には慰霊碑が鎮座する場所があり、そこには、終戦五十年法要を記念して建立された神風特別攻撃隊第五筑波隊の皆さまのお名前を銘記された石碑が鎮座します。そこには大野俊康宮司のお名前が最初にあり、最後は「最後を見送ってくれた人」作家山岡荘八と銘記されていました。

この皆さまの尊い生命のためにも必ずや天皇陛下靖國神社御親拝を実現せねばならないと誓いを新たに、久光さまと再会を約束しお別れいたしました。

五月十四日　廣島護國神社

昭和四十六年四月十六日　御親拝・行幸啓
御祭神　九万二千六百五十二柱
御創立　明治元年十二月
春季例大祭　四月第二日曜日
秋季例大祭　十月二十二日に近い日曜日
英霊感謝祭　八月十五日

廣島護國神社も「縣」が付きません。廣島護國神社は広島市の中心部・広島城内に鎮座します。朝早くからラジオ体操の方や散歩、観光客と賑やかです。驚いたのは、参拝に参られる方々の作法の美しさです。皆さん鳥居で一礼して、手水を使い綺麗な拍手を打たれます。参拝は厳粛にお取次ぎいただき祈願して参りました。

小学生の頃「はだしのゲン」を愛読していた小生は戦争は恐ろしいもので、できれば避けるべきだと今でも思っています。だからこそ武力は必要で、戦争に備えることこそ戦争を避けるための方法だと信じています。

五月十四日　備後護國神社

御祭神　三万千四百四十九柱
御創立　明治元年
春季例大祭　五月十九日
秋季例大祭　十月二十三日

備後護國神社は、その存在感がすごいです。運動場の一角に鎮座するのですが、慰霊碑の数とその巨大さが風格のある社殿を際立たせています。とにかく慰霊碑が巨大です。皆さんが思っている以上にでかいです。この地域の方々は、きっとでかいことは良いことだという人が多いのだと思います。そして、参拝者を苦しめる長い石段。この長い石段を登りお参りすると、一段とご利益を感じるのではないでしょうか。そして何より素晴らしかったのは、お取次ぎいただいた宮司さまの雅楽です。玉串奉奠時に太鼓と歌があるのですが、素晴らしい音と声で感動します。是非皆さまにも正式参拝でこの感動を味わって欲しいです。風格あるお社で格式高いお取次ぎをいただき、素晴らしい祈願をさせていただきました。ありがとうございます。

五月十五日　愛媛縣護國神社

御祭神　四万九千七百二十七柱
御創立　明治三十二年
春季慰霊大祭　四月十日
秋季慰霊大祭　十月十日
終戦記念日祭　八月十五日

愛媛縣護國神社では、額田照彦宮司さまに何から何まで本当にお世話になりました。参拝では宮司さまも立ち会いくださり、神社のあらましから、来年公開予定の資料館内を特別に拝見させていただいたり、境内のご案内までいただき、新しく綺麗な応接間にもお招きいただきました。おかげさまで、とても良い祈願ができました。額田宮司さまは朗らかで楽しく、もっと長くお話していたかったです。次回は一晩中お話したいと思います。皆さまも是非、境内で宮司さまを見つけて気軽に声をかけてみたらいかがでしょうか。きっと忙しい中でも真摯に対応してくださると思います。本当にありがとうございました。色々勉強になりました。

五月十五日　高知縣護國神社

昭和五十三年五月二十日　御親拝
御祭神　四万一千七百余柱
御創立　明治元年
春季例大祭四月二日
秋季例大祭　十一月二日
夏祭り　八月十五日

高知縣護國神社には地元の全日本愛國者團體會議四国地区地区長川村渉司さま、皇道學舎志道塾塾長星野智博さま、土佐青少年練成所誠塾本陣塾頭今井拓郎さまと若い方お二人と、五人もの地元の方が一緒に祈願参拝してくださいました。平日の午後に来てくださって、衷心より感謝申し上げます。皆さまと宮元序定禰宜さまのお陰で、本当に良い祈願参拝ができました。ありがとうございます。

五月十六日　香川縣護國神社

御祭神　三万五千七百余柱
御創立　明治三十一年
春季例大祭　五月五日
秋季例大祭　十一月五日

香川縣護國神社は平地にある都市型護國神社です。朝、護國神社の近くにいると、迷彩服姿の自衛官が徒歩や自転車で護國神社前を通り過ぎていきます。護國神社は小中学校に囲まれ、小学校の運動会の練習で子供たちの元気な声が聞こえます。その向こう側に陸上自衛隊香川駐屯地がありました。出勤時からの迷彩服姿は見たことがありませんでした。地方では当たり前なのでしょうか？　とても良いことだと思います。「ご苦労さま」と声をかけると訝しい顔をされてしまいました。「おはようございます」は「おはようございます」で返ってきました。

香川縣護國神社は隣に、乃木神社が鎮座します。乃木希典の出身地であり、明治天皇から香川県第十一師団長に任命されました。若干寂れてしまってますが、乃木神社です。素通りはできません。護國神社が兼務しているのだろうと思いましたが、玉串を「天皇陛下靖國神社御親拝祈願」の袋に入れて参拝いたしました。乃木希典こそ「忠」の人です。そして何より、軍人としてもですが教育者として、昭和天皇を学習院で、厳しく慈愛に満ちた指導をなさったことで有名です。つまり、昭和天皇の幼少期に最も影響を与えたのが乃木希典だったのです。その教えを受けた昭和天皇が、あのいわゆる「富田メモ」なる御言葉を発する訳がありません。という話を香川縣護國神社の禰宜さまと参拝後に話しこんでしまいました。気さくな飾らない禰宜さまで、日々の奉仕に追われ、教学の普及にまで手がまわらないことを申し訳なさそうになさっていました。おひとりで広大な神域を美しく保っているのは並大抵のことではないと感じました。ありがとうございます。

皆さまどうか一度お参りください。社務所横には大きな駐車場があり、神社の横にも無料駐車場があります。自衛隊香川駐屯地の皆さん、よろしくお願いいたします。

五月十六日　徳島縣護國神社

御祭神　三万四千三百六十八柱
御創立　明治十二年
例大祭　十一月二日
平和祈年祭　八月十五日

徳島縣護國神社は、護國神社の中では一番最近遷座《せんざ》した護國神社だと思います。平成十五年九月に現在の場所に遷座されました。

それ以前は徳島城城山山頂に鎮座していて、他のお宮もそうですがお参りするのが非常に困難な立地で、ご遺族が困っていたそうです。そこで、川崎阿佐恵さんという立派な方が現在の社地を提供されたそうです。

こちらでも大変丁寧なお取次ぎをいただき、三万四千三百六十八柱のみたまに祈願申し上げてまいりました。

徳島縣護國神社で最も素晴らしいと感じたのは資料館です。その収蔵も当然みたまのものなので素晴らしいのですが、遺族会の方が語り部となり「語り部事業」を定期的に行っています。当事者であるご遺族がお話をなさっているそうです。できれば参加したいです。あれだけの規模の資料館を維持管理するのも大変でしょうし、みたまの偉業を後世に語り継ぐというのは、最も重要なことだと思います。色々勉強になりました。ありがとうございます。

五月十七日　和歌山縣護國神社

昭和三十七年五月二十四日　御親拝・行幸啓
御祭神　三万六千六百七十一柱
御創立　明治十三年
春季例大祭　五月五日

秋季例大祭　十月五日

和歌山縣護國神社は和歌山城内に鎮座します。車でお参りする場合は、和歌山城市民公園有料駐車場を利用するのが良いでしょう。護國神社を取り囲む森には、富山縣護國神社と同じように鵜などが大量に巣を作り、車で神社へ向かう道には大量の糞がこびりついているので注意が必要です。階段を歩いて向かう側には巣がないので安心です。歩いてもたいした距離ではないので、歩いたほうが間違いありません。社頭には慰霊碑が並んでいます。

余談ですが、和歌山縣護國神社は昭和六十二年十一月に不審火で全焼しています。秋田縣護國神社と同じような活動家の仕業か単なる放火かは分かっていません。犯人が捕まっていないということは活動家のような気がします。現在のご本殿は鉄筋コンクリートが多用され、耐震構造だそうです。

参拝は宮司さまにご奉仕いただきました。熟練の宮司さまで、所作が美しかったです。熟練宮司さまのご奉仕で、三万六千六百七十一柱（資料と柱数が違ったのですが二柱合祀があったそうです）の和歌山県出身のみたまの皆さまに祈願申し上げました。

五月十七日　三重縣護國神社

昭和五十年十月　御親拝・行幸啓

御祭神　六万三百余柱
御創立　明治二年
春季例祭　四月二十一・二十二日
秋季例祭　十月二十一・二十二日
終戦の日英霊感謝祭　八月十五日

三重縣護國神社は津市の中心部、平地に鎮座します。広い境内は駐車場も兼ねているので、お年を召したご遺族にも非常に優しいです。社務所の中は平均年齢の若い神職と巫女さんで活気を感じました。参拝も若い神職が丁寧な祝詞でご奉仕くださり、とても爽やかな良い参拝で六万三百余柱の三重県出身の御祭神に祈願できました。ありがとうございます。

五月十八日　濃飛護國神社

昭和四十年十月二十六日　御親拝・行幸啓
御祭神　一万八千九百余柱
御創立　明治二年
春季例大祭　四月二十三日
秋季例大祭　九月二十二日

戦歿者慰霊祭　八月十五日

濃飛護國神社に参りました。岐阜県には岐阜、飛騨、濃飛と三社の護國神社が鎮座します。濃飛護國神社は大垣市中央大垣城址に鎮座します。元はかなりの敷地だったと思いますが、現在は市民公園の一角にひっそりと佇むようなお社になっています。駐車場もあるにはあるのですが、知らないと入りづらいので、一旦公園の脇に車を停めて、歩いて場所を確認することをお勧めします。

社殿も境内も老朽化が進み、お社の維持管理の難しさを感じました。隣接する社務所、参集殿も昭和を感じさせます。もしかしたら護國神社で最も昭和を感じられるお社だと思います。そんなお社の隅々まで手入れが行き届いています。古いながらも心込めて、日常的に一所懸命手入れをなさっていることを感じました。あとで分かったのですが、このお社は大ベテランの宮司さまと女性神職のお二人で切り盛りなさっていました。かなりの努力だと思います。お近くにお住まいの方や、大垣市にご用の方、特に昭和レトロマニアの方は是非濃飛護國神社へお参りして、清掃奉仕なさることをお勧めします。

参拝は、優しい女性神職の丁寧な奉仕でお取次ぎをいただき、一万八千九百余柱の御祭神に祈願申し上げました。気軽に行ける距離なら自分でご奉仕したくなる、そんな濃飛護國神社と宮司さまと、とても優しい女性神職さんでした。ありがとうございます。

五月十八日　岐阜護國神社

御祭神　三万七千八百十八柱
御創立　昭和十四年
春季例大祭　四月十二日
秋季例大祭　十月五日

こちらも「縣」が付きません。

岐阜護國神社はお昼前に参りました。目の前を長良川が流れ、背後には金華山が聳え、岐阜駅からも程近い、申し分なく素晴らしい場所に鎮座するお宮です。祈願は大行社岐阜支局支局長泉教行さんが参列してくださいました。この泉教行支局長の大行社岐阜支局の活動こそ、理想の活動と感じました。大行社岐阜支局の皆さまは定期的に清掃奉仕などを通じ、神社ととても良い関係を構築されていました。私たちの運動は常に神社と共にあると思っています。日本中の神社の中心は、天皇陛下であります。明治大帝の特別な思し召しで御創建された靖國神社と護國神社、「護國」の神となられた普通の人々。その方々に感謝するのに理屈はいりません。今を生きる日本人である以上、感謝するのは当然です。そんな話をしながら境内を泉支局長と歩いていたら、明治大帝の銅像がいらっしゃいました。みたまの皆さまに本殿で感謝と祈願をさせていただき、明治大帝の銅像にもお願い申し上げてまいりました。

こちらでもご丁寧な取次ぎをいただきました。ありがとうございます。

余談ですが、岐阜護國神社の巫女さんはかなりレベルが高いと思います。ＡＫＢとかのアイドルグループに普通にいそうな巫女さんが、本殿では神楽舞をご奉仕くださいます。全国の巫女さんマニアに教えてあげたいです。是非、岐阜護國神社へ正式参拝やお祓いなどで本殿へお参りください。本殿では撮影厳禁です。くれぐれも神様と巫女さんに失礼のないようにしてください。本当にお勧めです。

五月十八日　愛知縣護國神社

昭和三十七年十月　御親拝・行幸啓

御祭神　九万三千余柱

御創立　明治二年

春のみたま祭　四月二十八日～三十日

秋のみたま祭　十月二十八日～三十日

献水祭　八月十五日

愛知縣護國神社は名古屋市の中心部、名古屋城に鎮座します。境内地は地方の護國神社に比べるとそれほど広大ではないですが、境内の設備の充実はさすが名古屋は大都市だと感じられます。社務所の裏の建物には、遺族会や遺品館、喫茶店、レストラン、居酒屋まであるので、お参り後の直会にはどこに行くか迷う必要はありません。

参拝者も多く、熱心にお参りする方も多いです。崇敬心の非常に高い名古屋の方々はきっと心の中で「天皇陛下靖國神社御親拝」を願っているに違いありません。また、慰霊碑の大きさと形も独特でした。とにかくでかくて立派、不謹慎ですがデザインが面白いです。是非皆さまご自分の目でご確認ください。できれば正式参拝をお勧めします。巫女さんが本殿まで丁寧にご案内してくれます。ありがとうございました。

愛知縣護國神社の後、熱田神宮、三ヶ根山殉國七士廟をお参りいたしました。

五月十九日　静岡縣護國神社

昭和三十二年十月二十五日　御親拝・行幸啓
御祭神　七万六千二百二十七柱
御創立　明治三十二年十一月十三日
秋季慰霊大祭　十月二十二・二十三日
英霊顕彰祭　八月十五日

静岡縣護國神社は静岡駅から東海道、国道一号を清水方面、東にちょっと走ったところに鎮座します。国道一号と平行して走っている静鉄清水線の小さな線路を渡ります。万が一、踏切を間違ってしまったら別の道を探さず、元に戻るのが良いでしょう。

踏み切りを渡り、鬱蒼とした森を抜け、社務所前で車を降りると、その壮観な景色に圧倒されます。

朝早くから、ジョギングや犬の散歩の方が多く通られます。参拝は、お若い神職さんの丁寧なご奉仕を賜り、素晴らしいご社殿でご祈願して参りました。

五月十九日　山梨縣護國神社

御祭神　二万五千四十七柱
御創立　明治十二年十二月
春季例大祭　四月五日
秋季例大祭　十月五日
みたま祭　八月十三日～十八日

山梨縣護國神社は甲府駅から武田神社へ向かう途中に鎮座します。

参拝は宮司さま自らご奉仕いただきました。巡拝の最後となるこちらでは、無事の感謝と祈願を唱えさせていただきました。最後に熟練宮司さまより、祈願の内容についてもったいない感謝のお言葉を頂戴いたしました。素晴らしい宮司さまのお取次ぎで、喜びに溢れる巡拝最後の祈願参拝となったのも、みたまの思し召しだと信じます。ありがとうございました。

二十八日間の日本一周はあっという間でした。ほんとに何事もなく、無事に巡拝完遂できたのも二百四十六万六千余柱のみたまのご加護の賜物だと「天皇陛下靖國神社御親拝」実現へのさらなる努力を決意できました。

巡拝は目的ではありません。目的はあくまでも「天皇陛下靖國神社御親拝」実現です。何度も何度も書いていますが、天皇陛下は御親拝を御望みです。みたまも御望みです。邪魔をしているのは事なかれ主義の役人です。趣意書などでも明らかにしていますが、天皇陛下は「権力者」ではありません。現憲法と象徴という得体の知れないものに強く縛られています。

全国護國神社を一社一社巡拝し、多くのことを学べたと思います。この巡拝で得たものは全て皆さまの「ま心」で得たものです。日本人の誇りのために、と散華された過去の日本人に報いなければ、未来の日本人に申し訳ありません。まだまだできることはいくらでもあると思います。どうか皆さまのお知恵をお貸しください。現在、過去、未来の日本人の誇りのために邁進する所存ですので、今後とも益々の叱咤激励の程よろしくお願い申し上げます。

第六章　天皇陛下靖國神社御親拝実現は、現代を生きる私たちの責任である

初出：『伝統と革新』29号（平成三十年五月十八日）

昭和五十年十一月から、御親拝は途絶えたまま

平成二十八年八月八日、異例の天皇陛下の玉音を賜った。その冒頭で「現憲法下での象徴としての立場」というおことばを拝し、即位以来日本国内のみならず海外への行幸、慰霊への並々ならぬ御意思を拝見していた小生は、これは天皇陛下が国民に対し、「象徴」「現憲法」に対しての疑問、畏れ多いことだが、残り時間内にどうしたら靖國神社へ行幸することができるのか、ということを投げかけられたように感じた。

行動は言葉より雄弁である。平成十七年サイパンへの行幸啓、平成二十七年パラオ共和国への行幸啓は、日本人を感動で包んだ。まさに祈りによって民族を導く天皇陛下の御姿そのものである。そしてそれは、万世一系の「ま心」、大御心を天皇陛下という存在が民族に示す行動実践である。

昭和天皇の靖國神社御親拝は、いわゆる戦前、戦後合わせて二十八回賜っている。昭和二十二年の現憲法施行後も七回の御親拝を賜る。それが、なぜ昭和五十年十一月二十一日を最後に途絶えてしまっているのか。

天皇陛下の御存在は権力者ではない、天皇陛下は憲法と法律に縛られ、御自身の御意思を貫くことは非常に難しい。宮内庁をはじめ関係省庁に管理されてしまっている。それでも、昭和五十年までは、まさしく天皇陛下の御心を忖度できる正しい日本人の側近が多くいた。

昭和二十七年、日本が主権を回復し経済復興を最優先した時代、占領中公職追放によって復権した社会主義者たちが蠢き、国民の生活安定を優先する保守系政治の隙を突き、反国家主義者、いわゆる「天皇制反対」主義者を育てた。反国家主義者の最終目的は「天皇制打倒」であり、国家壊滅に他ならない。

昭和四十年代には「靖國神社国家護持法案」を巡り、国会では熾烈な攻防が繰り広げられ、「靖國神社国家護持法案」自体に重大な瑕疵《かし》があることなどから保守系からも反対意見が多数出たことで、最終的に廃案に追い込まれた。同時期に経済成長を続ける日本とは裏腹に、世界ではベトナム戦争、支那文化大革命という有事があったことも決して無関係ではない。

「富田メモ」の存在と、御親拝中止の謎

昭和五十年代には、昭和五十年五月三日の稲葉修法務大臣「自主憲法制定国民会議」出席での「私人」問題、八月十五日の三木武夫首相の「私人」発言が、公人の「公私」論議に発展し、畏れ多くも天皇陛下の「公私」の議論にいたった。それが昭和五十年十一月二十日の第七十六回参議院内閣委員会のことであった。

この十一月二十日とは、戦後三十年の節目に靖國神社御親拝を賜る十一月二十一日の前日である。御親拝前日という、宮内庁をはじめ警備当局関係機関すべてが慌しい日に、宮内庁

から参考人として出席したのが、当時宮内庁次長の富田朝彦氏その人である。いわゆる「富田メモ」の富田朝彦氏である。

富田朝彦氏とはいかなる人物であったか。大正九年生まれ、東京帝国大学法学部、海軍主計大尉、戦後内務省、警察庁警備局長を経て昭和四十九年に宮内庁次長に就任した。人となりはわからずとも、経歴だけ見てもエリート中のエリートであることがわかる。

そしてその宮内庁次長就任一年足らずの富田朝彦氏を内閣委員会で吊るし上げたのが、以下の三人である。

野田　哲（社会党参議院議員、岡山県出身福山市役所自治労）。

秦　豊（社会党参議院議員、愛媛県出身ＮＨＫニュースキャスター）。

矢田部　理（社会党参議院議員、茨城県出身弁護士）。

この社会党の三人が入れ替わり立ち代わり、優秀なエリートの富田朝彦氏を半ば屁理屈のような言葉で攻め立てた。はっきりと「天皇皇室」を否定し批判する輩の言葉は、活字では伝わらない侮辱と挑発に満ちていたはずである。

その悪意に満ちた言葉の暴力で、翌日に控えた天皇陛下の御親拝について憲法第七条「国事行為」の確認を持ち出し、お馴染みの憲法第二十条政教分離で御親拝の中止を要求したのである。

このことが宮内庁、そして富田朝彦氏のトラウマとなり、昭和五十三年に宮内庁長官に昇進したあとも、昭和六十三年六月の退任から現在まで、宮内庁の暗黙の了解か明らかな申し送りかはわからないが、間違いなく、この時点の判断が踏襲され、現在にいたっている。

富田メモが書かれたとされる昭和六十三年四月二十八日、富田朝彦氏が退任を間近に、天長節を翌日に控え前年から御不例の昭和天皇から犒《ねぎら》いの御言葉があったと推察される。富田朝彦氏本人はこのメモを公開するつもりなど毛頭なかったはずである。あくまでも推理であるが、天皇陛下から犒いの御言葉を頂戴し、戦後四十年の節目に天皇陛下の御心を知りながら御親拝を実現させなかった罪悪感や贖罪意識が、自己の正当性を裏づけるための葛藤となり、いわゆる「戦犯」合祀を「天皇陛下が戦犯合祀を不快」という意味合いのメモを自己弁護のために書かせたのではないかと私は思う。もしかしたら、富田朝彦氏本人のメモ自体が存在しないのかも知れない。

昭和殉難者の合祀は昭和五十三年秋、その年の春、筑波藤麿宮司の逝去に伴い、七月に宮司に就任した松平永芳宮司の英断によって秋季例大祭に合祀申し上げられた。まるで松平永芳宮司が独断で合祀申し上げたようにいわれているが、昭和殉難者の祭神名票は昭和四十一年に厚生省引揚援護局より靖國神社へ送付されていて、崇敬者総代会はすでに合祀を了承していた。つまり、その時の筑波藤麿宮司も合祀は了承していたのである。しかしこの時期は「靖國神社国家護持法案」を巡る攻防とベトナム戦争の影響からか合祀に慎重になっていて、結局合祀申し上げる前に筑波藤麿宮司は逝去された。

いわゆる「富田メモ」なるものに出てくる松岡（洋右元外務大臣）、白鳥（敏夫元イタリア大使）は政治家であり役人であって、軍人ではない。その意味で昭和天皇が「なぜ？」と疑問を持たれた可能性は充分あると思うが、祈りの存在であられる天皇陛下が、天皇陛下の御立場で故人を非難することは考えられない。

ましてや「天皇陛下万歳」と散華された忠霊の鎮まる靖國神社、明治大帝の思し召しで御創立された靖國神社に鎮まる忠霊を、大和民族を導く天皇陛下が否定することなどありえる訳がない。

すべての原因が、前述した昭和五十年十一月二十日の第七十六回参議院内閣委員会にあった。

現在では、首相や閣僚の参拝に支那中共と韓国の圧力云々が春秋の例大祭、八月十五日などの際に報道されるが、これらは昭和六十年の中曽根康弘首相から出てきた話で、御親拝中断とは別の問題で、新たに出てきたのか、作った問題である。それを、天皇陛下の御親拝が途絶えた理由が国内の政治問題であることを公にしたくない勢力が、これ幸いにと利用しているのである。または、自分たちの怠慢を誤魔化すために、反日報道機関を利用して支那中共などを動かしたのかも知れない。

すべて行ったのは、富田朝彦氏を攻め立てた社会党勢力ではない、いわゆる保守陣営である。この保守陣営が「東京裁判史観」に魂を売った昭和五十年代前後は、よど号事件、浅間山荘事件、ダッカ事件、北朝鮮による日本人拉致、教育現場では中学校での校内暴力などが発生した時期である。経済発展を至上の目的とし、エコノミックアニマルと世界から嘲笑されたのもこの前後である。

今に続く勅使参向の意義を改めて思う

小生は今まで間違っていた。首相の靖國神社参拝が天皇陛下の露払いとなり、御親拝への道になるのだと勘違いしていた。しかし、総理大臣とは所詮選挙で当選し、政党内での駆け引きで出来上がる俗物である。そんなものの参拝を忠霊の皆さまは待ってはいない。忠霊が待ち望まれているのは、大元帥であられる天皇陛下ただ御一人である。忠霊の皆さまは、大元帥であられる天皇陛下の御親拝を賜る靖國神社に祀られる、その栄誉と誇りが日清、日露戦争とわが国を護り、大東亜戦争では白人至上主義と戦い、負けはしても國體を護持せしめた。

小生自身がよく口にする台詞であるが「それでも春秋例大祭には勅使の参向をいただいている。勅使は天皇陛下そのものである」との思い。

しかし、この台詞は負け惜しみである。参道で誰も勅使に対し「天皇陛下万歳」を唱えることはできない。しかし、この途絶えることのない勅使の参向、皇族方の参拝こそが、大御心なのである。春秋例大祭での勅使の参向、皇族方の参拝は慣例や儀礼ではない。大御心のもと、途切れることなく継続されている。

天皇陛下の靖國神社への想いは、平成十六年の南部利昭第九代宮司就任にも充分示された。学習院の後輩で霞会の一員である南部家四十五代当主南部利昭氏は、いわゆる「賊軍」である。であればこそ、宮司就任要請には逡巡があったそうで、就任を辞退するつもりだったらしい。しかし、天皇陛下からの「靖國神社を頼みますよ」の一言で宮司就任を決意なさったそうである。

南部利昭宮司就任後の活躍は、靖國神社に代わる「国立追悼施設案」、いわゆる「A級戦犯分祀」に強く反発されたことである。平成二十一年一月七日、昭和天皇祭を奉仕奉った後、宮司室で心臓麻痺でお亡くなりにならなければ、南部利昭宮司は今上陛下の御親拝を奉仕奉ったのではないかと思うと非常に残念である。

余談ではあるが、春秋例大祭で三笠宮寛仁親王殿下を到着殿で奉迎申し上げる際、到着殿前で「寛仁親王殿下万歳」と奉迎申し上げる人々の姿に、寛仁親王殿下が非常にお喜びいただき、そのお姿に南部利昭宮司は涙を流して喜んでくださった。

その「寛仁親王殿下万歳」を唱えていたのが、私たち靖國會の有志である。この逸話は南部利昭宮司を偲ぶ会で披露された話である。また、平成二十四年の寛仁親王殿下薨去の際には、霊柩車が病院から赤坂御用地へ戻る途中、靖國神社中通正中にしばらく停止した。

御親拝実現は、今を生きる私たちの責任と義務である

御代替わりまで残り一年、万が一平成の御代に御親拝なき場合、東京裁判史観に毒された勢力は、あらためて「A級戦犯」批判を「富田メモ」を後ろ盾に始める。

現在でも、「富田メモ」にある白鳥、松岡と二名の苗字は言わず、「A級戦犯」合祀に天皇陛下が「不快感」を示し、御親拝が途絶えた、とあえて「A級戦犯」を強調する。すると、自然に「A級戦犯」とは東條英機大将をはじめとする軍人が思い浮かんでしまう。明確な印象操作とさりげない捏造である。こうして大東亜戦争は、いわゆる「A級戦犯」と軍部の暴走が引き起こした、世界に謝罪しなければならない大犯罪へと昇格する。

日本では、報道機関への信頼度は異常に高い。一般庶民は、それほど事細かに検証などしない。

新聞の見出しで繰り返し「A級戦犯」と活字が躍れば、現在でもいわゆる「A級戦犯」は存在してしまう。事実関係は無視し、大気圧のように国民に贖罪意識、罪悪感を植えつける。そして同時に、いわゆる「A級戦犯」に「不快感」を持った昭和天皇、そしてその意思を踏襲あそばされた今上陛下を平和の象徴とし、靖國神社を根底から否定する。あるいは、忠霊を崇敬する国民には「たった数人の『戦犯』の存在が不快であるから『天皇陛下万歳』と散華された二百四十六万六千余柱の忠霊を無視する」と天皇陛下を貶め、国民との間に溝を作

る。

明治維新から百五十年、靖國神社御創立百四十九年はまさに近代日本が国際社会の中で歩んできた歴史である。人種、宗教、言語の違う民族が発展を目指し、覇権を争い、衝突を繰り返したのは必然である。

そして、この必然は決して絶えることのない人類の歴史である。靖國神社を否定するような政治体制、国防に携わる高官が「日本は良い国だった」と、民間に論文を発表し罷免されるような政治体制で、誰が命を賭けて国を護るのか。たまたま七十二年間戦火に巻き込まれずいただけである。望まぬ災いは必ずやってくる。

昨年、平成二十九年の流行語大賞は「忖度」であった。今まさに私たち日本人が本当に忖度しなければならないのは、天皇陛下の「ま心」、大御心である。繰り返しになるが、天皇陛下は権力者では決してない。現憲法と法律に縛られている実に御不便な思いをなさっているに違いない。天皇陛下がいかに御望みになられていても、御自身の御希望通りに自由に行幸することなどできないのである。

天皇陛下は靖國神社御親拝を御望みになられている。御親拝実現は、今を生かされている日本人の、過去と未来の日本人に対しての責任と義務である。

第七章　靖國神社御創建百五十周年　沼山光洋氏に聞く

初出：『大吼』令和元年夏季号（令和元年七月一日）

聞き手：丸川仁

——本日は、貴重なお時間をいただきありがとうございます。靖國神社に最も深い関りのある人と言えば沼山さんということで、お伺いしていきたいと思います。はじめに、靖國會の創立と創設時の布陣をお聞かせください。

沼山　靖國會は、昭和三十五年十月十二日、日比谷公会堂における山口二矢烈士による浅沼稲次郎社会党委員長刺殺事件に衝撃を受けた水戸愛郷塾の塙三郎（当時四十八歳、橘孝三郎の娘婿）がこのままではいけない、自分たちもなにかしなければならない、と思ったことにはじまります。

そこで塙三郎は、橘孝三郎をはじめ先輩方に相談したところ、靖國神社が国家護持されていないことを指摘され、さらに日本の再建は、天皇と国民が一体となることだと言われます。当初、塙三郎は英霊と表現をしていましたので、「英霊の鎮まるのは靖國神社のほかにはない」との信念を固くし、橘孝三郎の友人である山本健介老を紹介され、協力を求め、靖國参拝會を創設しようということになりました。

塙と山本は、尾張徳川家十九代当主・徳川義親《よしちか》公（松平春嶽公の五男）を訪ね、参拝會の中心を担ってほしい旨を願い上げます。一方で、今村均《ひとし》大将にもご相談申し上げたところ快諾され、総代・徳川義親公、副総代・今村均大将を戴いて創立されました。

――創立日は明確ではないのですか。

沼山　はっきりしていません。昭和三十五年十月十二日以降、年末にかけてということになります。

――発足した靖國参拝會が、のちに靖國會と名称を変えたのは同年ですか。

沼山　翌年になります。その年、昭和二十六年八月十五日に忠霊祭を執り行おうということで、靖國神社に相談しているのですが、当時の池田良八権宮司は「八月十五日は、英霊の最も悲しむ日であるから」として、お祭り申し上げることはできませんと断られました。

今村と塙は、「御祭神の最も悲しむ日であるからこそ、この日にお祭り申し上げたい」と幾度も折衝を重ね、池田権宮司から「皆さまのご希望がそこまで強いのであれば」ということで了承を得られ、昭和三十六年に第一回靖國忠霊祭が執り行われたのです。

当時は非常に少ない人数でのお祭りだったそうですが、戦友の方が多かったようです。

――歴代の総代をご紹介ください。

沼山　初代・徳川義親公。副総代・今村均、帝国陸軍大将、陸士十九期。

第二代・和知鷹二、帝国陸軍中将陸士二十六期。

第三代・源田実、帝国海軍大佐、航空幕僚長、参議院議員。

第四代・斎藤忠、大日本言論報国会専務理事。

第五代・伊代茂、帝国陸軍中佐、陸士四十二期。

第六代・草地貞吾、陸士三十九期、帝国陸軍大佐、関東軍作戦主任参謀。

第七代・清瀬信次郎、憲法学者。

第八代・湯澤貞、靖國神社第八代宮司。

第九代・田母神俊雄、第二十九代航空幕僚長
となっております。

――ありがとうございます。現在事務局長を務められている沼山さんの経歴などをお聞かせください。

沼山　私に経歴など特にありませんが、水戸愛郷塾の橘孝三郎門下生である塙三郎の弟弟子・大嶋幹男の門下生です。その縁がありましたので、塙三郎先生には二十歳の頃から可愛がっていただきました。

　塙三郎が事務局長を長く務められた後に、山崎幸一郎先生が事務局長になられて、一年で亡くなられてしまいましたので、そのあとに藤澤越に引き継がれた折に、事務局は愛郷塾に返そうということになり、私に白羽の矢が立ってしまったのでしょう。

――本に反って始めに報いる、報本反始のようなものですね。

　塙先生は長かったですね。山崎先生は大日本青年党でした。

沼山　塙先生は、山本健介を引き継いで長く務められました。山崎先生は水戸第二連隊だったのです。水戸第二連隊で玉砕されるところ、満洲でお怪我をなさって残留され、そのまま

シベリアに抑留されてしまいました。

――そうでしたか。そうしたことはまったく存じ上げませんでした。

藤澤先生も特攻隊と伺っておりました。

沼山　藤澤先生は、加古川少年飛行兵でした。塙先生とは非常に仲が良く、いつも一緒に居られたことを思い出します。

――ここまで靖國會の創設、歴代総代、沼山局長の経歴などをお伺いしました。靖國會は、毎年八月十五日に忠霊祭を執り行うということに加えて、春秋例大祭前の清掃奉仕、高齢者への車椅子奉仕などをされていますが、いつごろから始められたのでしょう。

沼山　清掃奉仕は、藤澤事務局長時代からですので、十五、六年でしょうか。車椅子のご奉仕については、清掃のしばらくあとですので、もう十二、三年になります。

――そんなになりますか。ご苦労さまです。

沼山　けっこう楽しく務めています。見ず知らずのおじいちゃん、おばあちゃんに、ありがとうと言われますから。あと、境内をご案内して差し上げます。どうしても神雷桜に行くのですが、山岡荘八と西田高光の通じ合いです。特攻隊員の正しい姿というものを意外とご存じありません。皆さん片道燃料だったと思っていますが、それは特攻隊の皆さんの心意気です。天候不良だった場合、帰ってくることができません。皆さんマスコミでいわれているように、ヒロポンで酔っ払って行ったとかを信じていますが、大切な戦闘機を失うことは考えられなかったのです。

西田高光之命が、山岡荘八に、自分たちの命が、その後の日本人の運命、民族の誇りに関わってくるのだということを明確に仰っています。

――その誇りを回復するためにも、靖國會、忠霊祭に参列される皆さんの気持ちが一つになって広まっていくことが望まれますが、靖國神社側の反応はいかがですか。

沼山　それは非常に厳しいです。靖國神社側は、天皇陛下の御親拝については、春秋の例大祭に勅使の御差遣をいただいております、の一点張りです。

――一昨年、沼山さんは、天皇陛下による靖國神社への御親拝を祈願されて全国の護國神社を巡拝されました。あれは何月でしたか。

沼山　平成二十九年四月二十二日、春季例大祭が終わった夜、沖縄に飛びました。翌日、沖縄縣護國神社にご祈願申し上げてから帰京し、翌日から千葉、埼玉へと北上して行きました。それから五月十九日に東京に戻り、翌二十日、靖國神社で奉告参拝と、二十八日間の行程でした。

――各地での様々な出会いも記されていたり、運動家の方々とも交流を重ねられた写真も拝見しました。本当にご苦労さまでした。私も思い描いたことはありますが、今となってはできません。しかし、沼山さんの行動が、若い人たちにとっての指標になればと思います。若さと冒険心がなければできないことですから。

沼山　私は、平成二十八年八月八日、今上陛下のおことばに、陛下はどうしたら靖國神社に参ることができるかを国民に問いかけたものと感じました。

今年の靖國神社御創立百五十年には、今上陛下の御親拝を必ず賜ると信じていました。ところが平成二十九年一月十日、政府は「平成は三十年で区切る」という報道があり、これはまかりならぬ、自分は何をするべきかを深く自問して導かれたのは、祈りを以って行動することが一番だと……私は、日本人の祈りには力があると信じています。それは、ご存じのとおり、平成十八年の悠仁親王殿下のご生誕です。

悠仁親王殿下のお出ましというのは、奇跡というより必然です。これこそ天への祈りが皇室に働いた真実です。悠仁親王殿下がご生誕になられた瞬間に、日本の世論が一本にまとまり、女性天皇、女系容認に傾いていた雰囲気が一掃されました。

——その十年後ですが、今上陛下のおことばによって国が動きました。残念ながら元号は事前公表されてしまいましたが、御代結びの後には受け入れられて行くものとして、靖國會の今後についてお伺いします。

靖國會は、従来の活動を続けていくとともに、事務局長として、どのような展望を抱かれていますか。

沼山　私はまだ希望を捨ててはいません。機会があるとすれば、四月二十三日に、今上陛下は昭和天皇陵へ御奉告されますので、その帰途に靖國神社に御親拝給われるのではないかと希望を持っております。

——平成から新たな御代を迎えようとしている現在、あえて言葉にはしませんが、今月いっぱいは先々も平成の元号で表記します。それが私にとっての結びになるからです。ですから、平成の御代に今上陛下の御親拝がなされなかったとしても、結ばれて今日があり、これから先も結ばれて行きますから、沼山さんの思いも靖國會に結ばれて行くはずです。

一昨年、天皇陛下よりおことばをいただいて、皆なにをしたら良いか分からない中で、全国の護國神社に祈りを捧げるとして行動されたのはすごいことでした。

沼山　祈ることです。天皇陛下は、私たちのために毎日祈ってくださっていますから、私たち臣民は、天皇陛下の行いに倣って神社にお参りするわけです。行動は言葉より雄弁です。天皇陛下が全国各地へ慰霊の旅をされ、世界にも足を運ばれます。昨年、小堀（邦夫靖國神社）宮司が問題視されましたが、私は、天皇陛下が、いかに靖國神社にお参りできるかを現地に足を向けて行動で示されたのだと思います。小堀宮司が仰ったような靖國神社を潰す、というようなことではなく、反対に、陛下が靖國神社に行くためにはどうしたら良いのか。行けないことに対して、現地に赴いてみたまを慰められていたのだと思います。

そのお姿を見て、（政権の）皆はなぜ陛下に靖國神社を御親拝いただくための努力をしなかったのか、また神社界では百五十年は関係ないと言う方もいますけれども、大正天皇には御創立五十年で御親拝を賜っておりますし、昭和天皇には終戦三十年に御親拝を賜っています。

ですから、今までの神社界のしきたりとかは、靖國神社に当てはまらないところがあります。また私は、靖國神社は特別だと言い張って良いものと思っています。

明治天皇の思し召しによって御創建されて、靖國神社御本殿に掲げられている「我国の為をつくせる人々の名もむさし野にとむる玉かき」という御宸筆のとおり、宮内庁から何を指摘されても特別なのだと言える神社であるべきだと思います。

一番大切なのは御祭神であって、そのみたまをお祀りされる天皇陛下です。御祭神の皆さまは、天皇陛下の御親拝を賜ることで、未来永劫にわたって頭《こうべ》を垂れて下さる靖國神社に祀られるとの安心感から、我が身を玉串として捧げたと私は思っています。御祭神に対して、神道の厳密性に照らせば、今上陛下の御親拝がなかったとしてもご安心くださいと言えるのかもしれませんが、下々の思いとしては、平成の御代に御親拝がなければ、その御代の天皇陛下は御親拝されなかった、となってしまいます。

沖縄を例に挙げれば、昭和天皇の皇太子殿下であった今上陛下が行啓されようとしても、反対派は「ひめゆりの塔」で命を賭けて阻止しようとしました。彼らは自分たちが阻止したにもかかわらず、言うに事欠いて「天皇陛下に裏切られた」と言っているのです。

――どういうことですか。

沼山　昭和天皇は、沖縄を見捨てたというのが彼らの活動の根底にあります。ところが、今上陛下は幾度となく沖縄に行幸遊ばされています。

――見捨てたはずなのに来られる。逆説的ですね。

沼山　現在も、今上陛下が沖縄に篤い思いを注いでも、昭和天皇には裏切られたという言い分がある。そのように利用されてしまったのです。それと同じことが、日本全国でも起こる懸念があるのです。

――昭和天皇の果たせなかった沖縄行幸を今上天皇が果たされた。にもかかわらず、悪意で歪めるのは非日本的です。それと同じように、平成の御代に天皇陛下の御親拝がなければ、御祭神に対する裏切りだと繋がってくるということですね。

靖國神社には、勅使が御差遣されます。神職は取り次ぐことが職務ということを考えれば、天皇陛下の代拝ということになります。勅使は天皇陛下の遣いですから　陛下親から参拝されたことにはなりませんか。

沼山　靖國神社国家護持とは、法的なものではありません。政権が変われば国家護持という形態も変わってしまうかもしれません。しかし、国家護持という本来の意味は、天皇陛下の神社であるということなのです。そこが一番重要なところです。例として、忠霊と英霊との表現の違いを挙げます。英霊はたくさんいらっしゃいます。英霊とは、秀でた行いをされたことによるものですから、警察官も消防官も、殉職された方々は英霊と呼ぶべきです。英霊という尊称は間違ってはいませんが、靖國神社、護國神社に限っては、天皇陛下のために散華された方々を指す尊称なので、忠霊と申し上げるのです。

――忠義を尽くされたということですね。

沼山　そのとおりです。ですから日本各地の石碑には、忠霊碑、忠魂碑はあっても英霊碑、英魂碑はありません。日清、日露の戦役から大東亜戦役までは「忠」が主流でした。戦争が終わってから忠霊という言葉が廃れたのは、私が聞いたところでは、橋本欣五郎大佐の門下生で、靖國會にも関わりの深かった今澤榮三郎先生が、忠霊というと天皇陛下のために命を捧げたということになり、天皇陛下にご負担をおかけする、そうしてはならないのだと仰っておられましたことから推察されます。

昭和三十年から四十年代にかけて、靖國神社国家護持法案が論議されましたが、その際に、天皇のために亡くなられたということになると、当時の社会党の勢いもあったため反対色を薄める意味も含まれていたのだと思います。

また、昭和四十年代には靖國會が分裂して英霊にこたえる会ができて全国組織になったことも影響しました。

――そこから「英霊」という呼称が広まったわけですね。

私たちにご指導くださった三潴信吾（高崎経済大学名誉教授）先生は、「靖國神社国家護持」の看板を外させたと言っておられました。国家護持ではなく、国家で祭祀をするのだと言われていました。国が英霊を護るのではなくて、靖國神社の御柱に国が護られているのだと。

沼山　靖國會は、国家護持・国家祭祀としています。私の概念における国家とは、政権ではなく、天皇陛下ということです。ですから、掌典職に祭祀をお勤めいただければ、すべてまるく収まるのです。

――政体ではなく、国体ということですね。いろいろ考えていらっしゃるのですね。私たちにとって沼山さんは、靖國神社の代名詞のような存在です。神職さんには語れないことも沼山さんに聞けば神社の内と外のことにも触れられます。

沼山 そんなことはありません。御祭神の皆さまは、天皇陛下の御親拝賜る靖國神社に未来永劫祀られることを信じていたわけですし、天皇陛下も絶対に靖國神社に参拝したいと願っていらっしゃると思っています。それが行動に顕われているのだと理解しています。

――私は、いま最も天皇陛下と忠霊を結んでいるのは沼山さんだと思います。

沼山 とんでもないです。残念なことに、靖國神社の中にも昨年問題となった富田メモが浸透しています。昨年、小堀宮司が神社内での研究会で発言されたことが影響しているのです。しかし、普通に考えれば、天皇国のために散華された二百四十六万余の忠霊祭祀を、わずか数人が異論を唱えるから陛下は行かないというはずがありません。ましてや乃木希典に教育を受けられていますから。乃木希典は忠の人です。もし、乃木希典が忠でないとすれば、明治天皇に昭和天皇の教育を頼まれたことを途中で投げ出したことでしょう。それでもあの方は忠の人です。忠臣蔵が毎年放送されるのは、日本人の感情が心の中に籠っているからではないでしょうか。英霊がいけないということではありません。

――言わんとしていることは、英霊だとヒーローなので、忠義とは異なるということでしょうか。忠霊は命懸けで、しかも名を残さずとも忠義を尽くした方々に贈られる尊称だと、抑制された心をくみ取って表現したということでしょうか。

沼山　そうだと思います。しかも忠霊は、みずからを醜《しこ》の御楯《みたて》と言われたのはすごいことです。

――いずれの呼び方も間違ってはいないと思います。みたまたちへの思いを抱く人が、英霊か、忠霊かを言うのですから。しかもみたまたちに言葉を発することはできませんから。

沼山　例えば、英霊とは、川で溺れている子供を助けて亡くなってしまわれた方、警察官や消防官で殉職された方々も間違いなく英霊です。忠霊とは、天皇陛下の御為に亡くなられたという一点です。

――勤皇ということなのでしょう。今後の靖國神社の問題として、遺族が減少し続けることがあります。

沼山　そこにはもう一つ問題があって、参拝者が減少するから観光客を受け入れる考えがあるようですが、本末転倒です。お参りに来られること以外に見学的なようなものは必要ありません。そのスタンスであればこそ、本当にお参りに来られる方が増えるのだと信じています。日本人は愚かではありません。ここは観光地ではなく、お参りするための神社だと分かっているはずです。

――遺族が涙を流し、参拝者も心を揺さぶられる神社です。

沼山　感謝を申し上げに来るところだということを明確にした方が、私は参拝者が増えると信じています。

――ありがとうございます。本年、靖國神社御創建百五十周年ということで、本日はお時間を割いていただきました。いままで伺いましたことがほとんどだと思いますが、この節目に今後の靖國會の役割、あるいは使命をお聞きしたかったのですが、役割は人の手を借りればできることですので、使命となると事務局長に凝縮されますが、いかがでしょうか。

沼山　忠霊を伝えていくことです。私は、以前靖國神社に奉職され、現在は沖縄の波上宮で禰宜を務められている大山晋吾先生に教えをいただいた中に、靖國神社第七代大野俊康宮司は、「神職は語り部たれ」と言われたと聞きました。

私自身はまだまだ足りませんし、間違っているかもしれませんが、神雷桜にまつわる山岡荘八と西田高光の繋がりをお話しして、神社の境内をご案内することです。二十二歳の若者が、今いる私たちのために、ご自分の命を捧げるのだと明確に仰られたのです。

全国の護國神社を巡拝した際に、西田高光之命のご実家を訪ねさせていただいたのですが、大分県ご出身ですので、電話で大分縣護國神社にお墓参りをしたい旨を伝えましたところ、すぐにご遺族である弟の久光さまに取り次いでいただきました。久光さまも九十二歳と高齢でしたが、「あなたのような若者が兄のためによく来てくれた」と、とても喜んでくださ いました。こちらこそ、西田高光之命の生家を訪れたことだけで感無量で、お食事をご馳走になったのですがほとんど手を付けられず、奥さまにはご無礼してしまいました。

集落の入り口には慰霊碑が建てられていますが、そこには大野俊康の名が刻まれていました。その末尾には、最期を見送ってくれた方「山岡荘八」とあるのです。第五筑波隊の皆さまが飛び立った時に、山岡荘八は声をあげて泣いてしまったと書かれています。

――現代では、人と人の別れ、今生の別れというものがありませんから、その対極にあるとも言える本当の友情が生まれないように思えます。

沼山　当時は命の繋がりでした。山岡荘八は、そのころ三十代後半で、西田高光之命をはじめ特攻隊員たちは子供のような世代です。彼らは、明日死んで行くというのに、元気でにこやかだったというのです。そこに山岡荘八の葛藤があったのでしょう。

――今までと、この先とを考える中に自分がいますから、命を捧げる若人を前にして葛藤はあったに違いありません。それを現代と比較すると、なんとなくボンヤリ生きてきて、この先も何事もなくボンヤリ生きていくことができれば良いということになるのでしょうか。生き方がまったく違います。情報にしても今ではあらゆる情報が入ってきます。その中から、どの情報を摑めばよいのか分からなくなって、精神分裂症のような社会になっています。本来、自分の生き方というのは今まで行ってきた延長でしかありません。時には人の縁によって道が開かれ、あるいは自ら決して行くという狭い道でした。あの時代、軍人には武士道を説く『葉隠』のように、生きるか死ぬかという選択しかなかったのが、今では無限に選択肢があります。

沼山　戦争の良し悪しなどは価値観によって全く違います。しかし、こと命の価値観については変わりません。その変わらない価値観を私たちは紡いでいかなければなりません。命の物語をだれかが伝えていかなければいけませんが、メディアはその対極にあります。

――私は、靖國神社の忠霊の生き方、生き様というものが求められる時代はかならず来ると思っています。

沼山　大野俊康宮司は、「神職は語り部たれ」と仰いましたが、実際の神職は忙しくてそれどころではないというのも現実です。先に触れた富田メモというのは、天皇陛下も御祭神も松平（永芳第六代靖國神社）宮司までも侮辱するものです。

――現在の神職には資格が必要です。大学の神道科に行き、神社本庁の認可を受けなければいけないとか、段階を踏まなければなれませんが、本来の職責は、神々と人々を取り次ぐことです。沼山さんがしていることは、まさに御祭神とお参りに来られる方、特にご高齢の方を取り次いでおられます。全国の護國神社を巡拝されたことも、ひとり沼山さんが御祭神と結ばれるだけではなく、行動を支えた人たちや知った人たちとを取り次いだと言えます。

沼山　それで皆さんが地元の護國神社をお参りくだされば、それに越したことはありません。私自身は、日本人の祈りには、絶対に力があると思っています。皆さんがご一緒に祈って下さるという一心でした。

――祈りとは、私たちの体を依り代として意が乗るということです。真心からの思いとは、単なる思い付きではなく、内面から湧いてくるものですから、本当の祈りとは神々に誓って行うということなのです。

沼山　そのとおりです。誓いと自覚です。自分自身が祈りに対して自覚を持たなければいけません。天皇陛下が、日々お参りされ、各地を行幸遊ばされるのも、国安かれ、民安かれとの祈りを実践されているものです。天皇陛下は、田植えをされ、収穫をされ、神嘗祭、新嘗祭にお供え物を捧げられ、さらに次の収穫を祈られます。世界のどこにも国王が下々の行う農作業をされる国は見当たらないのです。

――地方の農家では、家の中に祭壇を設けて祭祀を執り行うところもありますが、そこでは田植えをして収穫するという循環を、祈りと共に実践しています。収穫できた感謝を神に奉告し、祭りを通じて、意が依り代である自身に乗り、次の年の作業へとつながって行くわけです。これが本当の祈りと実行なのだと思います。その祈りと実行を、これからどのようにしていくかですが、沼山さんの行動には、その力があると思いますし、結びついていくと思います。

沼山　結びついていくかどうかはわかりません。全国の護國神社のどこへ行ってもゴミを拾い、参拝の作法にしても大げさにしていました。それは人がいてもいなくても同じで、人はいなくてもみたまは見ていらっしゃいますから。私はいつの頃からか、お天道さまが見ているという言葉を思い出したのですが、その言葉を言った人は素晴らしいと思います。

すべての御祭神が特攻隊員の皆さんのように、進んで命を捧げたわけではないと思いますし、それぞれに物語があったと思います。ただ、間違いなく二百四十六万六千余柱の御祭神は、靖國神社に祀られています。その御柱に対して日本人全体が感謝するのは当然です。今日ただいまがあるのは、間違いなくその歴史があったからこそです。そこに感謝ができないというのは、思想信条ではなく、人として疑わざるを得ません。

私は信仰心だと思います。その信仰を政治に落としてはいけません。共産主義であれ、いかなる思想であれ、自分がお世話になった人に感謝することに躊躇するのは理解できません。

――中国と韓国だけの問題だけではないように思います。

沼山　そうです。私は、昭和天皇が御親拝できなくなった原因は、昭和五十年十一月二十日の第七十六回参議院内閣委員会で、はじめて御親拝が憲法に触れる可能性があるという判断がされたことが最も影響したと思っています。そこまで突き崩したのは社会党でした。諸悪の根源です。

――社会党って、今あるのですか？

沼山　たしか社民党と名を変えて、議席もあるかないかです。

――それでも役割は果たしたのでしょう。

沼山　当時は、日本人がエコノミックアニマルと呼ばれ、繁栄を手に入れた代わりに大切なものを失ってしまいました。何かを手に入れると何かを失うものですが、まさかここまで酷くなるとは思っていなかったでしょう。

――四月一日に新元号が事前公表されました。これに反対する集会を開き、声明文を決議して、内閣府に手交しましたが、公表という事態となったわけです。これは明らかに敗北で、その悔しさを忘れてはいけません。

沼山　これは由々しき問題です。政治が陛下より上にあると勘違いしています。

――悔しさがなければ、この状況を打破することはできないと思います。

沼山　天皇陛下は、得体の知れない憲法と、象徴というものに縛られています。天皇陛下の行動は、内閣の助言と承認によって、というのはおかしくはないでしょうか。

天皇陛下は、靖國神社にお参りしたくてもできないのは、かならず政治問題となるからで、政府がそれを怖れるからです。そこで冨田メモというものが、政治の関係者にとって言い逃れのための良い材料になったのでは、と疑っています。最初は中曽根（康弘）さんがおかしくしましたが、その昭和六十年から「A級戦犯」ということが言われ始めました。

御親拝が止められたのは昭和五十年、昭和殉難者が合祀されたのが昭和五十三年、松平宮司の時です。松平宮司は、ご就任から半年余りで昭和殉難者を合祀されています。

――それで、中曽根が中途半端な参拝をするとか、しないとかで「A級戦犯」という言葉が出始めたのでしたか。

沼山　そうなのです。ですから便宜上持ち出したのです。その程度のことで、実は問題ないわけです。

――では、その問題の「A級戦犯」は中曽根ではないですか。

沼山　そうです。昭和五十年に、私人、公人という表現が使われはじめました。ひめゆりの塔の事件も昭和五十年でした。皇室に詳しい斎藤吉久先生によれば、皇室祭祀の簡略化も昭和五十年からと指摘されています。富田朝彦さんが、警察庁警備局長から宮内庁次長に赴任したのが四十九年ですから、その翌年からいろいろなことが起きているのです。

私は、後藤田正晴さんの子分である富田さん個人が悪いということではなく、流れがあったのだと思っています。海軍主計局の出身でもあり、中曽根さんの後輩でもありますから。

――そういう流れがあったのですか。

沼山　個人のパーソナリティも影響しているでしょう。もともとが生え抜きの宮内庁職員ではありませんから。もっとも、私たちと比べたら戦前の教育をしっかり受けていますから立派な方なのだと思います。ただ、組織運営を重んじてしまったのかも知れません。憲法問題化する怖れのある御親拝について、陛下を矢面に出してはいけないという気持ちがあったのかも知れないとも推察できます。ただ、テレビによく出る池上彰さんも「A級戦犯」合祀が昭和天皇の御親拝が止まった原因という説があると言っていますから、世間ではそういうことになってしまうわけです。

――マスコミは、すごい影響力を持っていますから。小泉（純一郎元首相）さんの靖國神社参拝以来、参詣者が爆発的に増えました。功罪を挙げれば、参拝者が増えた一方で、物見遊山で来る人、外国人もたくさん来るようになりました。それでも靖國神社に興味を持つ人が増えたことは良かったのだと思いますが、今後懸念されることはありますか。

沼山　参拝者が来られなくなることもありますが、せっかくお参りに来られたのに外国人ばかりでは困ります。御祭神にご挨拶しに来たのに観光地化されていたら残念に思われるのではないかということです。

たしかに経営を考えられるのは大切ですが、施設を見せるのではなくて、こちらには魂が鎮まっておられるのですから、その魂にどのように触れていただくかということです。そのために遊就館があります。遊就館を通じて、魂を紡いでいくこと、触れていただくことのほうが大切だと思っています。

境内をきれいにしたり、便利にすることも大切ですが、同時に、魂を紡いでいく努力もしなければなりません。

――語り継ぎ、心の中に残るということですね。靖國神社が刊行する『英霊の言の葉』という本は十数巻ありますが、出版されたときには普及させたいと思いました。しかし、薦められて読んで感動するものではありません。感動する人もいれば、しない人まで、生き方によっても受け取り方は違いますから、薦めなくてもよかったのかとも思いました。

沼山　それでも情報提供として、こうした事実があったことを伝えることは必要です。私は、西田高光之命に絞って伝えることにしています。ご高齢の方をご案内しますと、かなりの方が涙を流されます。山岡荘八が、自宅に空中観音というものを作って朝晩拝んでいたそうです。そして日本を守る会、今の日本会議を創設されました。その後、ノーベル文学賞の川端康成さんは、三島由紀夫を見いだしているように、彼らの人生に若者たちの命が大きく影響を与えたと言えます。

——生まれ変わり、生き変わりと言われるように、信仰を強く持った人にはどこかで神のはたらきが影響しています。それが細い糸であっても、どこかで爆発する、開ける時があるのだと思います。

沼山　私は、日本には目に見えない尊いものが働いていると信じています。もしかすると神職さんたちの方が神さまを信じていないのではないかとも思ったりするときがあります。神さまを信じていれば、そんなことは言えないだろうということさえあるのです。

——なにごとも組織というものは運営です。靖國神社も運営するのは組織ですから、運営、執行する側となると、神さまより運営が優先ということになるはずです。

沼山　思想と経営になりますが、異なる働きが一致すればよいのですが、維持するためにはどうしても経営が優先されます。靖國神社は、資本を持つ会社ではないので、ご遺族や崇敬者、参拝者の会費や浄財が頼りです。しかし、境内改修や御創建百五十周年事業には十分ではないと推察されます。

一方で、社頭で募金箱を出す人たちがいます。あれは賽銭泥棒です。

――そんな人たちがいるのですか。

沼山　いっぱいいます。今では、新しい歴史教科書をつくる会や、すでにやめましたがブルーリボンなども募金を集めていました。ブルーリボンは注意したらやめましたが、新しい歴史教科書をつくる会などは本を売ったりしています。でも、それは遊就館で売っているものです。彼らは、自分たちが正しいことをしているから良いと考えていますが、集まった募金を靖國神社に賽銭とすることはありません。愛国無罪で神は存在していないのです。

――まず、靖國神社を思う心に欠けています。

沼山　それで子供たちになにを教育するのでしょう。彼らは教師ではありませんが、活動家です。何度注意しても聞く耳を持っていないようです。

――傷痍軍人であれば理解できますが……。

沼山　そうなのです。それをしても構わないのは傷痍軍人だけです。いまは存在しませんが……。私も子供の頃に、ハーモニカを吹いている方にお金を入れたことがあります。あの人たちにこそ資格がありました。

――いろいろお話を伺ってきましたが、いまや靖國神社のことについては、沼山さんを置いてほかに語れる人はいないのではないかと思います。

沼山　私は、ただ神社がありがたく、好きなだけです。明治天皇の素晴らしいところは、湊川神社を先に御創立することを命じられたことです。それから靖國神社の御創建となります。特攻隊員の皆さんは湊川を表わす菊水なのです。その大楠公を表わすのは忠だと私は思います。死を覚悟して戦地に赴きました。時代は違えども命の重さには変わりありません。

――どのように忠を尽くすかについては、沼山さんは、その一点に忠を尽しているのだと言えます。

沼山　そのように言っていただけるだけで嬉しく思います。

――今回の取材で、沼山さんから読者の皆さんにメッセージをと思ったのですが、これまで靖國忠霊祭をはじめ、靖國會の沼山事務局長の呼びかけに応じて春秋例大祭、境内清掃奉仕に協力してきた皆さん自身が、沼山さんの背中を見て次の行動の指針とすればよいのだと思いました。自分のスタートラインを決めて、そこから一歩踏み出してもらいたいのだと……。

沼山　一歩踏み出すのは難しいようで実は簡単なことです。参道を歩いていて、悪意のない落とし物をちょっとかがんで拾うようなものです。それを一度することができれば、どこの神社へ行ってもできるものです。

――結びに、今後どうされるかはこれまでお答えいただいた通りなので、質問させていただいたこと以外に、沼山さんの思いや靖國神社におけるエピソードなどがありましたらお願いします。

沼山　私は、今あることすべてが御祭神のお導きで、いつもお守りいただき、生かしていただいていると、それは全国五十二社の護國神社をお参りしているときに日々感じていました。生かしていただいているという感覚、ありがたい、包まれているという感覚をぜひ皆さんにも感じていただきたいものです。

――沼山さんのように、心が澄んでいると感じられるのかもしれませんが、澱んできた私にとって、それはちょっと厳しいお話しです。先ほど、経営と本質のお話がありましたように、経営の側に立つと日々追われるので、なかなかそうした感覚にはなれません。それでも以前は心の澄んでいた時期はありましたが……。

沼山　そうかも知れませんが、祈りを続けていると感じるものです。守られていると……。私の夢は、メイ・フォン・ハウエル（日本名：阪明子）さんというオーストリア人なのですが、この方と、西田高光之命に肩を叩いていただくことです。阪明子さんは、終戦から靖國神社の境内で長いあいだ掃除をして靖國オバアサンと呼ばれていた人です。この方はオーストリア人ですが、清掃を通じて、いつの間にか靖國神社の境内に住まわれることになりました。それは、筑波藤麿宮司、池田良八権宮司の時代で、母国に帰国する際、神社の皆さんのカンパで一時帰国され、すぐに日本に戻ってきて日本でお亡くなりになりました。靖國神社の百年史にも載っています。このオバアサンには、日本人とは、神職とはこうあるべきだと、ずいぶん多くの神職の方が叱られたと湯澤貞前総代（第八代靖國神社宮司）から聞いていますし、湯澤先生ご自身も叱られたと言っていました。靖國神社の写真を撮っている塚本さんに聞きましたら、かつて神社の敷地内に宿舎があって、そこに住んでいたのではなかったかと言っていました。すごいと思うのは、掃除をしていたおばあちゃんが、いつの間にか神社に住んでいたということです。それを受け容れた神社のおおらかさが伝わってきます。

――今であれば、沼山さんが靖國神社に住んでいないとおかしいですね。

沼山　とんでもない。

――ほかにもエピソードはありますか。

沼山　ご高齢の韓国の方に車椅子でご奉仕したこともあります。おばあさんがヨタヨタ歩いていたので声をかけたところ日本語が通じませんでしたが、拝殿を指さして「お兄さん、お兄さん」と言われたので、お参りをしたいのだなと思い、お連れしました。

また、境内清掃の際に石畳を洗うのですが、ある時、ひとりでガム剥しをしているおじいさんがいました。その方も、文さんという韓国人でした。ここ数年はお会いしていませんが、はじめは挨拶しても無視されました。それでも二、三年経った頃に挨拶を返してくれるようになり、ある真夏の日に、熱いから冷たいお茶でも飲みましょうと文さんを誘って初めてお話しをした時に、韓国人だと知ったのです。想像ですが、私たちに韓国人と知られると追い出されるのではないかという不安があったのかもしれません。

――言葉は通じたのですか。

沼山　もちろん日本語で通じました。お兄さんが海軍の軍属で、日本人の海軍の人に韓国で教わったと言っていました。お兄さんが軍属でしたので、海軍の人たちにものすごく可愛がってもらったそうです。朝鮮戦役が始まった頃に日本に渡ってきて、日本では焼肉屋を営んで儲かったそうですが、ガムは出さなかったということです（笑）。なにやら韓国でガムを作っている大手企業と悶着があったそうで、あいつだけは許さん、と話していました。息子さんが二人いて、どちらか一人が私と同じ年なのですが、どちらにもガム剥しのことは言っていないと話してくれました（笑）。

――息子さんたちは韓国籍ですか。

沼山　文さんご自身が韓国籍ですから、韓国籍だと思います。ただご自身は、「靖國神社の参道にガムが落ちているのだけは許せない」と言っていました。何年も無視されていたのですが、一緒にガム剥しをして挨拶を交わしていくうちに、仕方ないと思ったのでしょう。「いままで声をかける人はいたけれども、一緒になってやり始めたのはお前が初めてだ」と言われ、話しはじめたら止まらないくらい話されました（笑）。生い立ちから話しはじめられるほどでした。たしか、昭和一桁と聞きましたので、八十代後半で、身長も百八十以上ありました。

――そのエピソードを結びに入れてしまうと読後感はそこに尽きてしまうような気がします（笑）。

沼山　今までのことを評価して下さるのはありがたいですが、私がしてきたことは、その方たちの行いを紡いでいるだけです。メイ・フォン・ハウエルさんや文さんたちを紡いでいるだけです。

――伝えようとしているお気持ちは、とてもよく分かりました。沼山さんの内面に触れられたことも非常にうれしく思いました。それ以上に、私などには至らない靖國神社の忠霊との絆に触れさせていただいたことに感謝申し上げまして結びとさせていただきます。

今後ともご活躍下さい。本日はありがとうございました。

第八章　新時代令和を迎えて

初出：靖國會ＷＥＢサイト（令和元年五月十一日）

新時代令和を迎えて

天皇陛下・皇后陛下には心より皇室の弥栄を御祈念申し上げます。

上皇陛下・上皇后陛下には心より感謝申し上げます。

皆様におかれましては、令和の御代も益々のご健勝ご多幸を祈念申し上げます。

平成の御代に御親拝賜れなかったこと天皇陛下、御祭神の皆様に大変申し訳なくお詫びの言葉もありません。

そして、ま心を託してくださった皆様、叱咤激励してくださった皆様本当に本当に申し訳ありませんでした。

皆様からま心をお預かりして平成二十九年全国護國神社巡拝、平成三十年は九月末から十二月末まで和田倉噴水公園脇で宮内庁職員に「天皇陛下靖國神社御親拝祈願」の幕を持って朝のご挨拶を毎朝させていただきました。

全国巡拝では、昇殿参拝（巡拝時は正式参拝と表記していました）の申し込みから個人名で行い名刺も出されない限りこちらからは出しませんでした。勿論、湯澤貞先生（靖國神社第八代宮司）の名前もこちらから言うことはありませんでした。参拝終了後に趣意書をお渡しする際に靖國會の名前がありますので民間団体であること靖國神社とは無関係で行っていることをお伝えいたしました。最初から湯澤先生のお名前を出せば忖度されることは間違いなく、それでは本意が伝わらないのではないかと懸念しました。

しかし余計な心配でした。どちらの護國神社でも誠心誠意のお取次ぎをいただき、お陰様で一社一社ま心込めて御祈願申し上げることが出来ました。改めて感謝申し上げます。ありがとうございました。

（各県護國神社の報告をご覧ください。）

和田倉噴水公園での朝立ちでは、地下鉄通勤をなさっている宮内庁職員の方々がどうこう出来ると思っていませんでしたが毎朝挨拶することで、御親拝を願っている日本人がいることが上層部に伝わることを願いました。

和田倉噴水公園前での朝立ち

結果はこのような結果ですが、師走に入って寒くなって来た頃に宮内庁職員の方から「毎日ご苦労様」とカイロを差し入れていただきました。二回頂戴いたしました。今でも大切にとってあります。

死は生の延長である。人は生まれた瞬間から死へと向かう。豊かな人、貧しい人にも必ず死は訪れる。そしてその生命に意義を持たせるのは生きている人間である。

本日五月十一日は第五筑波隊の皆様、西田高光命

のご命日である。高邁なる精神で後の民族の誇りの為にと散華された、貴い意義ある生命であったと語り継げるのは生きている人間だけである。この特攻隊員の皆様の多くが大楠公、楠木正成公の「忠」の精神を紡いだ。肉体を紡ぐことは出来ないが、精神は紡ぐことが出来る。そのための土台となる時代、教育が存在していた。たった七十四年前の出来事である。

新時代令和の幕開けで祝賀一色なのは理解できるしそうあるべきであると思うが、御親拝がなかったことに対しての報道は一切なかった。私の知る限り御親拝に触れた著名人は昨年末に櫻井よしこさんと小堀桂一郎先生だけである。今ある豊かな日本は自然に出来た訳ではない。多くの先人の命の礎の上に今がある。御祭神のことが忘れ去られること無関心なことには、御祭神の皆様は微笑まれていると思いますが、寂しく感じます。

標本木には観光客が群がり、その看板まで写真に収められるが、神雷桜をはじめ約束の桜たちは掲げられている札の意味を考えられることは少ない。

祈りは神頼みの他力本願ではない

天皇陛下は祈りの存在、民族の道である。日々全てのものに祈りくださっている。それに倣い私たちも神社へ参り祈りを捧げる。

悠仁親王殿下御降臨は日本人の祈りが天に届き奇跡という必然を招いた。御誕生した瞬間にそれまで活発であった女性・女系天皇論者が影を潜めた。

私は、個人の祈りは他力本願の神頼みではなく、自分自身への決意・自覚・戒めだと思っている。神前で祈り感謝申し上げ祈願する。そのことにより、善い思い善い行いを心がけ実践する。その繰り返しが日本人の道徳観であり、ご加護を受けている安心感が現実社会の秩序の基本になっていると思っている。

子供の頃言われた「お天道様が見ている」である。善いことも、悪いこともお天道様はお見通しである。

天皇陛下が示されている行動実践こそ「祈り」の形ではないかと思う。

昭和天皇　御祭神　松平永芳宮司を侮辱する「富田メモ」

何より残念だったのは現役神職が「富田メモ」を信じ、昭和天皇、御祭神である昭和殉難者、松平永芳宮司を侮辱して憚らないことです。また、御創立百五十年というのは節目ではない、御親拝はなくて当然それが神社の常識と嘯くが、大正天皇は御創立五十年で御親拝あそばされているし、何よりも昭和天皇の最後の御親拝は所謂「終戦三十年」神社の常識、節目ではない「終戦三十年」である。しかも靖國神社から御親拝を御願い申し出ている。

天皇陛下御望みになられ、御祭神の皆様が待ち焦がれている御親拝を実現する努力よりも、出来ないやらない理由ばかり並び立てる。

「富田メモ」が出てきた平成十八年は小泉純一郎首相が在任最後に八月十五日に参拝すると公言していたその年七月二十日である。その「富田メモ」がどのように利用されたかは皆様ご存じのように小泉首相の参拝中止運動に利用された。他のページで詳述しているので省くが、昭和天皇がたった数人の自分の気に入らない昭和殉難者のために他の二百四十六万六千余柱を蔑ろにする薄情な国家元首であると「富田メモ」は言っているのである。その平和を愛される昭和天皇が否定した昭和殉難者が祀られる靖國神社へ小泉首相は参拝するのかと迫ったのである。

松平宮司は「忠」の人である。禁闕《きんけつ》守護の一念、海軍出身であったが、いざという時海の上にいたのでは皇居に駆けつけられないと陸上自衛隊に鞍替えしたと聞いている。その尊王心の塊のような松平宮司を死後、昭和天皇を御不快にさせた宮司として誹謗中傷する富田メモを信じるというのは、繰り返し残念で悲しい。

御親拝中断の元凶は昭和五十年十一月二十日第76回内閣委員会が原因である。

神職は使命である

湯澤貞靖國神社第八代宮司には、退任後に靖國會総代をお引き受けいただきご指導をいただいた。また、大山晋吾先生が靖國神社神職時代先生の主宰される「武士道研究会」でご指導いただいた。お二人と接して感じていたのは神職は職業ではない、「使命」であるということ。天皇陛下に対しては勿論、御祭神に対する深い崇敬・敬愛、ま心を非常に強く感じました。

それだけに、御祭神が昭和天皇を御不快にさせ御親拝がなくなったと信じながら毎日奉仕する神職がいることに非常に悲しくなりました。

勅使の差遣をいただいている、皇族方から真榊も参拝もいただいているのでご安心ください、という方もいますが、それは、私もよく、負け惜しみで使う言葉でした。靖國神社は明治天皇の特別な思し召しで御創立いただいた「特別」な神社だと信じています。神社界の前例を踏襲しなくても良い「特別」な神社だと思います。全ては醜の御楯と散華された御祭神中心で良いと思っていました。それが神社本庁の組織・施設維持の唯物主義が靖國神社にも影響を及ぼし昨年の徳川康久宮司追い出しへと繋がったと思います。靖國神社は神社本庁に属していませんが、非常に密接な関係です。小田村四郎先生は病床で徳川宮司支持を明言されていたことを聞いております。小田村先生がお亡くなりになった途端総代会で徳川宮司解任が決まったそうですが、御創立百五十年に御親拝があり、徳川康久宮司が御奉仕される、それが明治維新の総括にもなると思っていたので残念極まりなかったです。神社本庁の思惑はいずれ表沙汰になると信じています。

「お天道様が見ている」です。

覇権は永遠には続かない

近代、明治維新から日本は常に良くも悪くも新興国家米国の絶大な暴力に時に抗い、時に従い共に歩んできた。

キリスト暦で言うところの十九世紀、二十世紀は米国白人至上主義が世界の中心だったと思う。

航空機、通信技術の進歩により時間的空間的に世界は小さくなり、宗教的背景を持つ白人至上主義は建前上絶大な暴力を封印せざる得なくなった。現在は米国、ロシア、支那の三国時代に突入したと思う。依然として米国が絶大な暴力を維持しているが、現代では「建前」が邪魔をしている、ロシア、支那にはその「建前」があまり通用しない。問題なのは、地政学的に日本は支那・ロシアと近く非常に危険な場所に位置していることである。

特に支那は「戦わずして勝つ」という時間をかけての侵略が出来る民族である。精神侵略から始まり、現在は移住が始まり人口侵略が始まっている。今後帰化した支那人議員が輩出され始めるだろう。

民族の生命力の強い支那人と弱くなっていく日本人で、どう向き合っていくか。政治は売国政策を積み重ねている。

チベットやウイグルのような支那による直接支配も遠い未来ではない。


愛国団体は靖國神社・護國神社で日本人の手本たれ

愛国団体の皆様には、靖國神社・護國神社で日本人の手本となっていただけるよう切にお願い申し上げます。

参拝作法もですが、衛士の皆様、清掃の皆様に「ご苦労様」の一声をお願いしたいと思います。

同じように制服警官、消防官にも日常的に「ご苦労様」の一声をお願いしたく存じます。

特にことあるごとに社頭で「賽銭泥棒」行為をする「愛国無罪」団体は御祭神を無視し、心正しい参拝者の善意を踏みにじる卑しい行為であることを理解しやめていただきたい。


五月十一日は第五筑波隊の皆様、西田高光命のご命日です

平成の御代で御親拝賜らなかったということは令和で御親拝賜る可能性も低いでしょう。

御祭神の皆様は御親拝がなくても、現在の物質的に豊かな日本を見てきっと微笑まれていると思います。
御祭神の皆様は自分達のことを忘れたとしても微笑まれてくださるでしょう。
昭和二十年四月鹿児島県鹿屋海軍特別攻撃隊神雷部隊へ山岡荘八は報道班員として赴任した。
そして有名な西田高光命の言葉
「学鷲は一応インテリです。そう簡単に勝てるなどとは思っていません。しかし負けたとしても、そのあとはどうなるのです……おわかりでしょう。われわれの生命は講和の条件にも、その後の日本人にもつながっていますよ。そう、民族の誇りに……」
との言葉を残した。大山晋吾先生から教わり、二十二歳の若者が後の日本人の「誇り」のために我が身を捧げる、散華すると明言していることに感動を覚えました。そして大分縣護國神社の八坂宮司さま後藤尚禰宜様のお計らいで西田家を訪問しお墓参りをすることが出来ました。このことも
http://yasukuni.jugem.jp/?day=20170513
こちらで報告しておりますのでご覧ください。
いつの頃からか西田高光命とメイ・フォン・ハウエルさん日本名阪明子さんが私の憧れの人物となっていました。阪明子さんは詳細が分からないことだらけですが、「靖國おばさん」

と呼ばれ親しまれていたそうです。下記の数行の活字だけでも時代のおおらかさ、阪明子さんが誠心誠意御祭神と傷痍軍人ご遺族に奉仕されていたことが分かります。たぶん、ご本人もご遺族だと思います。

靖國神社百年史より

昭和三十六年　辛丑（西暦一九六一）

二月十一日オーストリア人メイ・フォン・ハウエル（日本名阪明子）特別参拝す。

二月十二日オーストリア人メイ・フォン・ハウエル（日本名阪明子）は、終戦後傷痍軍人への慰問とその更生に尽力する傍ら、二十一年十一月より社頭の清掃奉仕を始め、三十年六月には居を境内に移して神社への奉仕に専心していたが、この度、三十三年ぶりに故国オーストリアに帰ることとなり、是日の朝、横浜港を出港す。筑波宮司・池田権宮司以下有志職員見送りをなす。十月十一日再来日。四十四年三月十日歿（七五歳）

詳しくは靖國神社第七代宮司大野俊康著『特攻魂のままに』靖國神社編『いざさらば我はみくにの山桜』をご覧ください。共に展転社発行です。

忘れないこと、語り継ぐことこそ今を生かされている日本人の務めだと思います。平成の三十年間に御親拝を賜らなかった今、今後難しいと思います。時間の経過と共に昭和天皇が御親拝出来なくなった事実がどこまでも歪められ、靖國神社の御祭神の生命の意義が忘れ去られたときに民族の「誇り」は消え去るでしょう。

どうか皆様、良識ある日本人として靖國神社に鎮まる御祭神・忠霊の生命の意義を正しく後世に紡いで行きましょう。

長々と泣き言、負け惜しみを連ねました。人間にとって最大の病は絶望と言いますが、ならば希望は最高の良薬の筈です。新時代令和を元気に明るく希望を持って皇室の弥栄、民族の誇りを守る為に邁進いたしましょう。

天皇陛下萬歳

我國の為をつくせる人々の名もむさし野にとむる玉かき

明治七年一月二十七日御製

皇紀二千六百七十九年

令和元年五月十一日

沼山光洋

学が無いので上手くお伝えすることが出来ませんが、過去のブログ・ツイッター・インスタグラムなどで補足していただき、何とかご理解いただけると幸甚に存じます。

ま心　橘孝三郎「土とま心」からま心と表記しております。

橘孝三郎筆「ま心」

遺詠

神門をあふげばかなた雲しろくみどりは映ゆる九段の杜に
（平成二十四年）

境内を埋める花びらなげあそぶ子らの上にはさみどり光る
（平成二十七年）

靖國神社での車椅子奉仕

沼山光洋さんの志操と行動

荒岩宏奨

靖國會発足の経緯

沼山光洋さんの志操と行動を理解するには、靖國會について知ることが重要ですので、まづは靖國會について紹介いたします。

昭和三十五年十月の山口二矢烈士による浅沼稲次郎社会党委員長刺殺事件に衝撃を受けた塙三郎さんが、日本の再建は天皇と国民が一体となることが大切、その軸となるのは陛下も御親拝になり、国民も参拝する靖國神社の他にないと考へ、橘孝三郎らと相談の上、靖國参拝會を発足させました。

そして、八月十五日に靖國神社で忠霊祭を執り行ひたい旨を靖國神社の池田権宮司に申し入れたところ、「八月十五日は英霊の最も悲しむ日であるからできません」といふ返答だったやうです。しかし、参拝會は「英霊が最も悲しむ日であるからこそ、その日に国民が英霊の前で日本の再建を誓はなければならない」として、再度神社側と交渉し、「皆さん方のご希望がそこまで強いのであれば」と了承を得ることができたのです。

そして、昭和三十六年八月十五日に第一回靖國忠霊祭を執り行ひ、靖國會と改名いたしました。

これが靖國會発足の経緯です。

靖國會発足のきっかけをつくった塙三郎さんは橘孝三郎の門下生で、五・一五事件では農民決死部隊として田端変電所を襲撃しました。その後、橘孝三郎の娘婿となってをります。

靖國會での活動

沼山さんは昭和五十九年、橘孝三郎筆頭門下生で愛郷塾の大嶋幹男さんと出会ひ、大嶋門下生となりました。沼山さんは昭和四十年生まれですので、十八歳のころです。したがって、橘孝三郎の孫弟子にあたります。沼山さんは右翼民族派の活動にも保守派の活動にも参加するなど、さまざまな活動に参加してゐたので、一体何者だらう、正体不明だと思はれてゐることも多かったのですが、実は維新運動の本流に位置してゐたのです。

靖國會の靖國神社清掃奉仕などのとき、沼山さんはよく「ま心を込めて行ひませう」と呼びかけてゐました。この「ま心」といふ言葉は、橘孝三郎の「土とま心」といふ言葉を強く意識してゐたのです。

私も沼山さんと知り合ってから十年近くは、沼山さんが橘孝三郎の孫弟子に当たるといふことは知りませんでした。何かのとき、「五・一五事件での日本思想の核心は橘孝三郎であり、日本的な部分は農民決死部隊だと思ふ」と言ったところ、沼山さんが「うちの先生は橘孝三郎門下ですよ」と言ったのです。そのときに初めて、沼山さんが橘孝三郎の孫弟子にあたることを知りました。沼山さんは大嶋幹男さんのことを「うちの先生」と言ってゐました。

その大嶋幹男さんからの頼みで、沼山さんは塙三郎さんが事務局を務めてゐる靖國會を手伝ふやうになりました。そして平成十六年には事務局長代行となり、平成十八年から事務局長となったのです。

平成十九年からは靖國神社での車椅子奉仕活動をはじめました。

沼山さんは靖國神社の第二鳥居と中通りの間に「靖國會車椅子奉仕」の幟を立てて立ち、ご高齢の参拝者を見つけると声をかけ、車椅子に座ってもらひ、沼山さんが車椅子を押して拝殿や参集殿までご案内するのです。

そのとき、沼山さんは神門に掲げられてゐる菊のご紋は戦艦大和についてゐた菊のご紋より一回り大きいことを説明したり、神門をくぐったところにある神雷部隊の桜の木の前で西田高光之命と山岡荘八の逸話を説明したりしてゐました。

私が靖國神社を訪れると、いつも掃除道具を持った沼山さんがゐました。みたままつりのときなどは神門を通らうとすると「荒岩さん、待ってましたよ」と沼山さんが検問を張ってゐるかのやうに声をかけてくると同時に、私に掃除道具を渡してきて、一緒に靖國神社内を清掃して回りました。

日曜日の靖國神社には、沼山さんはいつも中通り付近に立って、車椅子が必要な方を探してをりました。そして、いつも掃除道具を持って、ゴミを探しては拾ってをりました。

平成十八年、靖國神社第八代宮司の湯澤貞さんが靖國會第八代総代に就任いたしました。沼山さんが喫茶店で七時間だったか八時間だったか粘って説得して、総代に就任していただいたと聞きました。

また、湯澤貞さんが上梓された『靖國神社のみたまに仕えて』は、沼山さんから「湯澤先生の本を出版しよう」と持ちかけられて実現いたしました。あとがきに「本書が刊行できたのは、つれづれに記してきた雑文を、靖國會事務局長の沼山光洋氏が骨身惜しまず資料と共に収集してくれたお蔭である」と書いてゐる通り、沼山さんが湯澤元宮司の原稿を集めたのです。

靖國神社御親拝実現をめざして

沼山さんは、靖國神社御親拝実現のために並々ならぬ熱意を持って活動してをりました。夏前になると、自民党本部前で「八月十五日靖國神社公式参拝」と書いた横幕を持って立つといふ活動をしてました。沼山さんは「座らない座り込みだ」と言ってゐました。

多くの国会議員が公式参拝し、首相が公式参拝することによって、天皇陛下が御親拝できる環境を整へようとしてゐたのです。

しかし、平成二十八年に陛下のおことばを賜り、御譲位が決定すると、「このままでは一度も靖國神社御親拝を賜らないまま平成の御代が終はってしまふ」と強い危機感を持つやうになりました。昭和天皇の沖縄行幸が実現できなかったことを利用して、昭和天皇は沖縄を見捨てたと左翼が騒いでゐるやうに、このままでは陛下は靖國神社を見捨てたと喧伝《けんでん》し利用されてしまふと危惧してをりました。

昭和天皇の御親拝が途絶えた理由については、富田メモのいはゆる「A級戦犯」合祀ではなく、昭和五十年十一月二十一日の参議院内閣委員会で宮内庁の富田が社会党議員に厳しく追及されたといふ政治的問題だと考へてをりました。そこで、政治的解決をめざすために内閣総理大臣に御親拝の環境を整へるやう求める署名活動を開始いたしました。

同時に、小泉政権のとき、女系天皇論が出ましたが、国民の祈りが通じて秋篠宮家に親王殿下がご誕生したので、祈りも大切だといふことで、沼山さんは靖國神社および全国の護国神社を巡拝して、靖國神社御親拝実現を祈願するといふ活動も開始いたしました。

また、平成三十年の秋からは、宮内庁職員が出勤する通り道である和田倉噴水公園付近で「天皇陛下靖國神社御親拝祈願」と書いた横幕を持って立つ活動もしてをりました。宮内庁職員に訴へる活動です。

沼山さんは「行動は言論より雄弁である」と言ってをり、まさしく精力的に活動を展開いたしました。

中通りで割腹自決

しかし、平成の御代に靖國神社御親拝は実現することなく、令和の御代を迎へ、五月十一日に靖國神社前の中通りで割腹自決いたしました。五月十一日は西田高光之命のご命日です。車椅子奉仕のとき、沼山さんは神雷部隊の桜の木の前で、必ず西田高光の話をしてをりました。

山岡荘八が西田高光に、「この戦いに勝ち抜けると思ってゐるのか？ 負けても悔いはないのか？」と訊きます。すると西田高光はかう答へたのです。

「学鷲は一応インテリです。さう簡単に勝てるなどとは思ってゐません。しかし負けたとしても、そのあとはどうなるのです……おわかりでせう。われわれの生命は講和の条件にも、その後の日本人の運命にもつながってゐますよ。さう、民族の誇りに……」。

私は沼山さんの横で、この話を聞いた参拝者が涙を流す姿を何回も目撃しました。沼山さんは「泣かせることができた」と喜んでをりました。沼山さんはこの西田高光之命を尊敬し、ご命日を自らの最期に選んだのです。

五月十一日、午前二時過ぎ、沼山さんは乗用車で中通りに到着いたしました。沼山さんは乗用車から降りたみたいで、このときに機動隊員が沼山さんに声をかけ、沼山さんは「ご苦労さまです」と答へて一度車に戻ります。そして、おそらくそのときにインスタグラムを更新し、三澤浩一さんに「連絡がいくと思ふのであとはよろしくお願ひします」といふメールを送ったのではないかと思ひます。これが二時三十五分頃でした。

そして、二時四十分頃、車から降りると、ためらふことなく包丁で割腹。機動隊員が駆け寄り、救急車を呼びました。救急車が到着したのが三時頃、搬送中の車内で意識がなくなり、病院で死亡が確認されたのが四時頃でした。

遺書に書かれた三点

私への一報は五時四十分頃、警察からでした。呆然自失といふ状態になりましたが、とにかく現場に向かはうと靖國神社に行きました。着いたのは六時過ぎだと思ひます。現場検証が行はれてると思ったのですが、そのやうな様子はなく、中通りから神門にかけても機動隊員一名が立ってゐるだけで、何事もない光景でした。拝殿で参拝したあと、警察からの一報は間違ひであってくれと願ひながら、中通りに引き返しました。すると、いつも沼山さんが車椅子奉仕で立ってゐた場所のあたりの一箇所だけが濡れてをりました。それを発見したときに、ここが自決の現場かと思ひました。

その後、一度家に戻り、靖國神社で二澤さんと合流。沼山さんのご遺体が病院から麹町警察署に運ばれたとの情報を得て、麹町署に向かひました。麹町署で、ご遺族から遺書を見せてもらひました。

その遺書は個人宛の内容が多いのですが、自決に関する公表すべきだと思ふことも書かれてをりましたので、その部分だけお伝へいたします。

まづは、各県護国神社で御祭神の皆さまに「命を懸けて」と約束して祈りを捧げて参りました、自分で決めた約束です、とのことです。

そして、自決であるといふことです。決して自殺と言はないでください、自決ですといふことです。

さらに、陛下への批判と誤解しないでくださいとのことです。

混乱するなかで遺書を読んだので、すべてを明確に覚えてはゐないのですが、この三点は公表しなくてはならないことだと思ひ、強く記憶にとどめておきました。

さて、来年（令和二年）の五月十一日には「緑光祭」を執り行ひたいと考へてをります。また、この名称以外は何も決まってゐない状況なのですが、生き残った我々が沼山さんの遺志を紡ぐため、遺志を再確認して広げるための場を設けたいと思ひます。

国民教

全国有志大連合 第三十六回東京大会

沼山光洋（ぬまやま　みつひろ）

昭和 40 年生まれ。
昭和 59 年、橘孝三郎筆頭門下生である大嶋幹男門下生となる。
平成 16 年靖國會事務局長代行、同 18 年事務局長に就任。
令和元年 5 月 11 日、靖國神社前中通りにて割腹自決。

沼山光洋遺稿集
靖國神社御親拝祈願

令和二年五月十一日　第一刷発行

著　者　沼山　光洋
発行人　荒岩　宏奨
発　行　展　転　社

〒101-0051 東京都千代田区神田神保町2-46-402
TEL　〇三（五三一四）九四七〇
FAX　〇三（五三一四）九四八〇
振替〇〇一四〇―六―七九九九二

印刷製本　中央精版印刷

ISBN978-4-88656-501-3